選択理論を学校に

クオリティ・スクールの実現に向けて

柿谷 正期
Masaki Kakitani

井上 千代
Chiyo Inoue

ほんの森出版

はじめに

米国ロス郊外にあるＣＩＷ（California Institution for Women）から手づくりのカードを受け取りました。ＣＩＷは一九五二年に設立された女性対象の刑務所です。ここで選択理論を学ぶ受刑者が目覚ましく変化をしているのです。

私と妻・寿美江は二〇一〇年一一月二二日にＣＩＷを訪問して、直接、選択理論の影響を観察させてもらいました。今回の手紙は寄せ書きで、入院している妻のために「早くよくなって」という励ましのカードでした。

直接会って話をした受刑者は二十数人程度でした。彼女らはライファー（終身刑）と呼ばれる人々で、自分は二九年ここで生活しているとか、自分は二一年とか、話をしてくれました。選択理論に触れて、「自分の行動は自分の選択である」ことを確認し、それが人生に大きな変化をもたらしていると口々に分かちあってくれました。

受け取ったカードの表紙には、妻が受刑者の話を聞き終えて感想を述べている写真が刷り込まれ、その下に妻の名前、その下に「勇気、思いやり、献身、結びつき、選択」という言葉が書かれていました。表紙をめくると、妻への励ましの言葉が自筆でいっぱい書かれていて、その数は八〇人。そして最後のページには You are in our thoughts, hearts and prayers.（あなたのことを覚えています。そして、祈っています）と書かれていました。

八〇人の中には会ったことのない人たちもいました。その人たちは、私たちが訪問した日のDVDを見たか、私たちの話を人から聞いて、カードにメッセージを書いてくれたのだと思います。選択理論を学びたい人だけが集まる夜のクラスには、八四名が参加していると聞いていましたので、ほとんど全員が書いてくれたことになります。

メッセージは温かさに溢れていました。犯罪を犯した人たちが、ここまで優しさを表現できるようになっていることは驚きです。また、選択理論の講座を受講する人の順番待ちの人数が日ごとに増えていて、順番待ちリストには一六七人もの名前が載っていると聞きました。そして特筆すべきは、選択理論を学んで出所した人が、ここ三年間で一度も刑務所に戻っていないということです。通常の再犯率は六〇％と言われています。選択理論を学んだ受刑者の三年後の再犯率は〇％なのです。

ところで本書は学校に関するものです。

刑務所で人が変わるなら、学校で人が変わらないはずはありません。選択理論を学校や家庭で実践し、それを児童や生徒が学べば、この刑務所で起こっていることに匹敵することが起こるのではないでしょうか。私はＣＩＷで起こっていることをこの目で見て、私自身、選択理論にもっと自信を持っていいと確信しました。

本書は第一部で井上千代先生がご自身の実践を踏まえて「選択理論の基礎と学校での活用」を執筆しました。そして、私（柿谷正期）は第二部で「クオリティ・スクールを実現する五つの教育理念」と題して執筆しました。二人が同様のことを述べている部分がありますが、それは重要なところだと理解してください。

選択理論が多くの学校で実践されることを願いつつ。

二〇一一年二月二〇日

柿谷　正期

第2章　選択理論を学校でどう活用するか

第2部　クオリティ・スクールを実現する五つの教育理念　柿谷正期

選択理論を学校に
クオリティ・スクールの実現に向けて

第1部

選択理論の基礎と学校での活用

井上 千代

第1章 選択理論の基礎

1 人は「五つの基本的欲求」を満たすために行動する

グラッサー博士が起こした奇跡

選択理論は、アメリカの精神科医ウイリアム・グラッサー博士によって提唱されました。グラッサー博士自らが、ウエストロサンゼルスの精神病院で選択理論を実践しました。すると、二一〇名の入院患者中、年間わずか二名が退院という状況から、年間二〇〇名が退院できるようになったのです。この実践により、選択理論は一躍世界的に注目されました。

「退院は一生無理」と本人も周りもあきらめている入院患者に、グラッサー博士は、「今日をどんな一日にしたいですか？」「ここを出たとしたらどんな生活をしたいですか？」と質問しました。**「過去」に固執せず、「未来」に希望や夢を描きながら、「現在」の生活に焦点を当てるお手伝いをしたのです。**その後、選択理論は更生施設でも著しい成果を上げました。

しかし、グラッサー博士は「治療より予防が重要である」と確信するようになり、学校教育に視点を向けました。そして、問題行動がなく、成績もよく温かい人間関係があるグラッサー・クオリティ・スクール（選択理論をベースにした学校のうち、不登校や問題行動が皆無で、全員がB以上の優秀な成績を修めている学校）を実現させたのです。

グラッサー博士が発見した、人生の秘密

博士は四〇年以上にわたる精神科医としての経験を通して、患者はすべて同じ問題を抱えていることに気がつきました。それは、**「仲良くしたいと思っている人と、仲良くできない」**ということです。そうであれば、精神科医として、人が互いに仲良くする手助けをする必要があると痛感しました。そして、もしも社会に出る前に、**「大切な人たちと仲良くしながら、自分の願いも大切にする方法」**を学べば、現在、社会で起きている様々な問題を予防することができるのではないかと考えました。そして、博士は、**「人生の成功のためには、良い人間関係がどんなに重要であるかを人々に知らせ、満足できる人間関係を築く方法として選択理論を教えること」**を自身の人生の目的と決めて、世界二〇か国以上の数百万の人々に影響を与えています。

五つの基本的欲求

なぜ、それほどまでに人間関係が重要なのでしょうか。それは、人が生まれながらに持っている基本的欲求は自分一人では満たすことが難しいからです。

基本的欲求には、体の欲求（**「生存」の欲求**）と心の欲求の二つがあります。心の欲求はさらに四つに分けられます。**「愛・所属」の欲求、「力（承認）」の欲求、「自由」の欲求、「楽しみ」の欲求**です。表1をご参照ください。

表1　5つの基本的欲求

心	「愛・所属」の欲求	愛し愛されたい、 仲間の一員でいたい
	「力(承認)」の欲求	認められたい、達成したい、 人の役に立ちたい
	「自由」の欲求	自分のことは自分で決めたい、 強制されたくない
	「楽しみ」の欲求	自分の好むことをしたい、 楽しみたい
体	「生存」の欲求	食べたい、寝たい、休みたい

すべての人は、これら**五つの基本的欲求を満たすために、「内側から動機づけられて行動する」**と選択理論では考えます。そして基本的欲求は、時代を問わず、年齢や性別、人種を問わず、生まれてから死ぬまで満たす必要があります。

欲求のほとんどは、身近で重要な人との良い関係の中で満たされるものです。「遠方からの客には親切にするが、身内には親切を忘れがち」というのでは、選択理論から言えばとても残念な話です。でも、学ぶまでは私（井上）もそういう一人でした。選択理論の上級講師の柿谷寿美江先生は、著書『幸せを育む素敵な人間関係』の中で「**身近な人との人間関係が良好であることの心地良さ**を日本中の人に味わっていただくことが私の願いです」と述べています。今は、その意味が、とてもよくわかります。

人は基本的欲求を満たすために行動する

人は、基本的欲求を満たそうとして行動します。先ほど紹介した五つの基本的欲求のどれか一つ、あるいは複数を満たそうとして、内側から動機づけられて行動するのです。基本的欲求が満たされれば気分が良く、満たされなければ不快に感じます。

人は、できるだけ良い気分を繰り返し感じようとして行動します。できるだけ悪い気分は避けようとして行動します。

欲求はどれも大切ですが、「愛・所属」の欲求を満たして良い人間関係を築くことは、他の基本的欲求を満たすことに直結しています。愛し愛されていると感じるときは、同時に**認められているという感覚**を手に入れることができるので、「力（承認）」の欲求も同時に満たされます。そんなときはのびのびとした気持ちになり、互いに尊重しあうので、強制のないかかわりになります。そうすると「自由」の欲求も満たされ、互いに興味を持って楽しく過ごすことができ「楽しみ」の欲求も満たすことができます。

理化学研究所と通産省（当時）が脳型コンピュータの共同研究をすすめていたとき、人の脳は関係欲求（選択理論で言えば「愛・所属」の欲求）が強く、それが満たされないと脳が免疫系にも関与しているので病気になりやすいと報告しています（『愛は脳を活性化する』岩波書店、一九九六年）。「愛・所属」の欲求が満たされない状態が続くと、「生存」の欲求もおびやかされるのです。

欲求の度合いは人それぞれ

基本的欲求は誰にでもありますが、**求める度合いは、人によって違います。**

いつも誰かと一緒にいることを好む人は、「愛・所属」の欲求が強く、仕事や勉強で強く達成感を求める人は、「力（承認）」の欲求が強いと言えるでしょう。独りの自由な時間を好む人は、「自由」の欲求が強いと言えますし、ジョークやユーモアたっぷりの人は、「楽しみ」の欲求が強いと言えるでしょう。規則正しく生活し、コツコツ貯金をすることを好む人は、「生存」の欲求が強いのかもしれません。

あなた自身はどの欲求が強いと感じますか？　それを知っておくことは、自分を理解するためにも、欲求をよりよく満たすためにも、ポイントになると思います。また、あなたの

表２　基本的欲求の種類と強さ

基本的欲求の種類		弱い ← 欲求の強さ → 強い
心	「愛・所属」の欲求	1 ・ 2 ・ 3 ・ 4 ・ 5
	「力（承認）」の欲求	1 ・ 2 ・ 3 ・ 4 ・ 5
	「自由」の欲求	1 ・ 2 ・ 3 ・ 4 ・ 5
	「楽しみ」の欲求	1 ・ 2 ・ 3 ・ 4 ・ 5
体	「生存」の欲求	1 ・ 2 ・ 3 ・ 4 ・ 5

身近な方は、どの基本的欲求が強いでしょうか？　想像してみてください（表２もご活用ください）。**どの欲求が強いかに着目すると、その人の性格傾向を理解しやすくなります。**欲求の強さを知るためのアンケートが六四～六五ページにありますので、それも参考にしてください。

基本的欲求を満たす責任

基本的欲求が満たされないと、人は気分が不快で何かせずにはいられない気持ちになります。効果的な行動がとれないときは、周りの人の欲求充足のじゃまをしてでも（例えば、いじめや虐待など）自分の欲求を満たそうとします。そうなると、人間関係は悪くなり「愛・所属」の欲求は満たせません。お互いに認め合うということが難しくなり「力（承認）」の欲求も満たせません。そんなときは、自分の考えを押しつけがちで「自由」の欲求も満たしにくく、人と共に過ごすことが苦痛になり、「楽しみ」の欲求も満たされません。

今度、誰かが問題を起こしたとき、**「あの人は、どの基本的欲求を満たそうとしているのだろう」と考えてみてください。また、自分自身がイライラしたりしたとき、「どの基本的欲求が満たされていないのか」と考えてみてください。**

基本的欲求を満たすことで、人は幸せを感じ、幸せな人は問題を起こしません。ですから、選択理論では、**「責任」の概念を「他人の欲求充足のじゃまをしないで、自分自身の欲求充足をすること」と考えます。**さらには、「他の人の欲求充足のお手伝いをする」をめざしたいものです。

グラッサー博士は、五つの基本的欲求（「愛・所属」の欲求、「力（承認）」の欲求、「自由」の欲求、「楽しみ」の欲求、「生存」の欲求）のうち、**特に「愛・所属」の欲求を満たすことの重要性を説いています**。愛し愛されていると感じられる人間関係の中でこそ、お互いに認め合い、強制しないで尊重し合うので、共に興味を持って楽しく過ごすことができるからです。家族や学校の子どもたちに「愛し愛されている」と感じられる言葉かけを続けることで、人間関係が目に見えて温かいものになり、自身もストレスを感じることが減るのを実感するでしょう。

選択理論は、「人は、なぜ、どのように行動するか」について、脳の働きから説明した心理学であり、あらゆる人間関係に適用できる科学です。

選択理論を一言でいうと「**他人と過去は変えられないが、自分と現在・未来は変えられる**」と表すことができます。私は**自分の考え方や行動は、そのほとんどが「選択」できると**知ってから、ストレスを感じることが減り、生きることが楽で楽しくなっていきました。家族と過ごす時間が快適なものになり、学校でも、子どもたちと気分良く接しながら、不登校をはじめ様々な問題の解決への方向性がつかめるようになりました。

やってみよう！　選択理論

一か月間、次の二つのことを意識して過ごしてみませんか（次の二つの思考を「選択」してみませんか）。

① 相手は変えられない。変えられるのは自分だけ。

② 「何であの人は（あの児童は、あの生徒は）、あんなことをするのだろう」と不可解に思う代わ

りに、「あの人は（あの児童は、あの生徒は）、どの基本的欲求を満たそうとしているのだろう」と考えてみる。自分自身がイライラしたときは、「どの基本的欲求が満たされていないのか」と考えてみる。

きっと一か月後、ストレスを感じることが減り、学校での子どもたちとの関係が良くなるだけでなく、家族と過ごす時間がより快適なものになっていると思います。

２　「上質世界」（願望）にどんな「イメージ写真」を入れるか

基本的欲求を満たす方法は、十人十色

選択理論では、人が持っている基本的欲求は同じだけれど、**どのような方法で基本的欲求を満たそうとするかは、人それぞれ違いがあると**考えています。

例えば、「楽しみ」の欲求は同じでも、人によって楽しみ方が違います。「次の休日、楽しく過ごしたい」と考えたとき、テニス、読書、映画、ドライブ、買い物、習い事、ガーデニング、ヨット、ゴルフなど、この方法で楽しみたいと思うイメージが、次々と頭の中に浮かんできます。これは、過去、どんな行動をしたときに欲求が満たされたかを記憶しているからです。さらに、

満たしてくれそうな方法を情報として学ぶこともできます。これらは、まるで写真のように脳の一部に記憶されていることから、選択理論では「**イメージ写真**」（願望の写真）と呼び、イメージ写真が入れてある脳の部分を「**上質世界**」（**願望**）と呼んでいます。人は、自らの人生をより上質にすると判断した「人、物、状況、信条など」を上質世界（願望）に入れます。ですから上質世界（願望）とは、ああしたい、こうしたい、ああなりたいといった夢や願いや希望がイメージとして集められている願望の世界です。脳のほんの一部でありながら、私たちを行動に駆りたてます。願望の世界にあるものを、現実の世界で手にいれようとして内側から動機づけられます。言い換えれば、**人が「やる気」を起こすのは、上質世界（願望）の実現をめざしているとき**です。だとしたら、**上質世界（願望）にどんなイメージ写真を入れるかは、人生においてとても重要なことです。**

あなたは、上質世界（願望）にどんな夢や願いを入れていますか？　「愛・所属」の欲求を満たしたいときに、誰の顔が浮かんできますか？　「力（承認）」の欲求を満たすためには、どんな場面を思い浮かべますか？　また、「自由」で「楽しく」過ごしたいとき、どんな状況を思い浮かべますか？　あなたの上質世界（願望）には何が入れてあるか、一度書き出してみませんか（次ページの表3をご活用ください。表中の□と（　）については、のちほど説明します）。

人は生まれたときから、上質世界（願望）をつくり始める

人は、生まれたときから、どんな事柄が良い気分につながるのかを体験し、上質世界（願望）

表３　基本的欲求と上質世界（願望）に入れているイメージ写真

欲求の種類	欲求の内容	上質世界（願望）に入れているイメージ写真
愛・所属	愛し愛されたい、仲間の一員でいたい	□　（　　） □　（　　） □　（　　） □　（　　） □　（　　）
力（承認）	認められたい、達成したい、人の役に立ちたい	□　（　　） □　（　　） □　（　　） □　（　　） □　（　　）
自由	自分のことは自分で決めたい、強制されたくない	□　（　　） □　（　　） □　（　　） □　（　　） □　（　　）
楽しみ	自分の好むことをしたい、楽しみたい	□　（　　） □　（　　） □　（　　） □　（　　） □　（　　）
生存	食べたい、寝たい、休みたい	□　（　　） □　（　　） □　（　　） □　（　　） □　（　　）

をつくっていきます。例えば、赤ちゃんは、抱いてあやしてくれたり、おっぱいを飲ませてくれたりして、良い気分にしてくれるお母さんのイメージ写真を上質世界（願望）に入れます。やがて父親、祖父母、おもちゃ、友達、お菓子、公園などに広がり、さらに、学校、部活動、仕事、趣味、恋人、配偶者、子どもなど、その人自身の欲求を満たしてくれる人や物、信条などをイメージ写真として上質世界（願望）に入れていきます。

基本的欲求は遺伝子の指示なので変えることができませんが、**イメージ写真は自分の選択なので自由に入れ替えることができ、それが欲求を満たさなくなれば、追い出すこともできます。**

上質世界（願望）と大切な人との人間関係

先ほども述べましたとおり、人は上質世界（願望）に入れたイメージ写真を、現実の世界で手に入れようとして行動します。上質世界（願望）のイメージ写真は、「一緒にいたい**人**」「欲しい**物**、経験したい**事**」「自分が行動するときの**信条**」の三種類に大きく分けられます。**その中でも最も大切なイメージ写真は「一緒にいたい人」です。**その理由は、人は一人では、すべての基本的欲求を満たして良い気分を味わうことが難しいからです。

上質世界（願望）に入れてある大切な人との関係、子どもであれば特に親や教師との関係が良好なときには、良い気分（健康、満足感、充実感、幸福感）が得られます。そうすると脳にスイッチが入り、ストレスを感じることの多い「勉強や仕事」にも取り組む意欲が湧きます。自ら行動するので自由を感じ、楽しみながら活動するので成果につながります。ストレスを感じることが減るので、健康状態も良好になります。

しかし、上質世界（願望）に入れてある大切な人との関係が悪くなってしまうと、基本的欲求を満たすことができず、不快な気分が続きます。欲求を満たして良い気分を得ることは、遺伝子の指示なので、何かせずにはいられない気持ちになります。

そんなときに人は、人間関係を改善することをあきらめて、人間関係が悪くても良い気分を得られるイメージ写真を上質世界（願望）に入れることがあります。例えば、いじめ、不登校、拒食症、過食症、ギャンブル、アルコール依存、麻薬、暴力などです。人が上質世界（願望）に入れるものは、必ずしも質の良いものばかりとは限らないのです。

身近で大切な人の上質世界（願望）も大切にする

誰でも、大切な人と仲良く生活することを望んでいます。ところが、仲良くすることが難しくなるのは、自分が大切に持っている上質世界（願望）こそがすばらしいと考え、相手に押しつけようとするからです。中身は違っても、相手も同じように大切な上質世界（願望）を持っています。とかく、親は子どもに、妻は夫（夫は妻）に、上司は部下に対して、ああしなさい、こうしなさいと自分の上質世界（願望）を押しつけがちです。夫婦、親子でも、**上質世界（願望）はそれぞれ違いますから、相手の上質世界（願望）をけなしたり無視したりすると、人間関係は悪くなっていきます。**

私自身、家族のお互いの上質世界（願望）について、一日数分、分かち合うことを心がけるようになってから、家庭がより温かいものになりました。時には家族の意外な一面に驚くことさえあります。学校で困っている子どもの相談にのるときも、**その子の上質世界**（願望）**について想像しながら**、「**本当はどうなりたいか**」**をその子と一緒に考える**ことで、解決の方向性が早くつかめるようになりました。夢や願いを聞いていくことは、人間関係づくりにもなり、子どももだんだんと笑顔を見せるようになります。

脳の働き方にそって、夢や願いを実現する

選択理論では、「**人は、上質世界**（願望）**に大切にしているイメージ写真を入れ、それを現実の世界で手に入れようとして行動する**」と考えます。ですから、時折、イメージ写真を整理して、優先順位をつけるといいのです。「ダイエット」と「ケーキバイキング」、「勉強すること」と「長時間テレビを見ること」は同時には手に入りません。私自身、そんなときは、**自ら選択して動く**ことの大切さを思い出して、「**本当はどうなりたいのか?**」と自分に問いかけるようにしています。先に掲載した表3の□には、優先順位が入ります。ぼんやりしたイメージ写真は、ありありと描くことで脳が活性化し、必要な行動がとりやすくなるので、願いが実現しやすくなります。また、夢に期限をつけると、さらに実現しやすくなると言われています。表3の（　）には、「いつまでに」という期限を入れてみてください。

この作業を続けることで、私はだんだんと自分が「人生でやりたい仕事」や「なりたい自分の姿」をイメージ写真として描けるようになってきました。とりあえず目の前の問題を解決しよう

という姿勢から、上質世界（願望）に夢やビジョンを描いてから、「それを手に入れるためにはどうすればよいか」を考えるようになりました。
「散歩のついでに富士山に登った人はいない」と言った人がいましたが、まさにそのとおりだと思います。富士山に登ることができた人は、その前に上質世界（願望）に富士山のイメージ写真を鮮明に貼っている人だと思います。自分が大切にしているもののために時間を割くことが、究極の時間管理なのかもしれません。

やってみよう！　選択理論

表3をコピーして、記入してみてください。そして、一か月間、自分や周りの人の上質世界（願望）に注目して過ごしてみませんか。その際、次の二つのことを意識することをおすすめします。

①　記入済みの表3をいつも持ち歩き、ときどき用紙を開けて、自分の上質世界（願望）には何が入れてあるのかをじっくりと見つめてみる。

②　「あの人（あの児童、あの生徒）の上質世界（願望）には何が入れてあるのだろう」と想像したり、聞いたりしてみる。

自分や相手の上質世界（願望）に注目することで、きっと、会話がはずむようになります。また、自己理解が深まり、家族や学校の子どもたちに対する理解もより深まると思います。

3

車の絵にたとえられる「全行動」

効果的な「行動」を妨げる「感情の壁」

これまで述べてきましたように、選択理論では、人は、基本的欲求を満たして良い気分（健康、満足感、充実感、幸福感）を味わうために行動していると考えています。その行動は、人それぞれに脳に上質世界（願望）のイメージ写真を入れて、それを現実の世界で手に入れるためのものです。つまり、**願望を手に入れるためには、それなりの「行動」をする必要があります。**

しかし、頭ではわかっていても、実際に何かに向かって動き始めること、行動し続けることはそう簡単ではありません。例えば、不登校の生徒が、元気を取り戻して学校へ行きたいという上質世界（願望）を持ち始めても、なかなか最初の一歩を踏み出せないことがあります。また、過去に私は、いろいろな通信教育に関心を持って申し込み、教材が届くのをワクワクして待ちましたが、教材が届いた途端、気分が乗らなくなってやめてしまうことが何度もありました。自分自身の感情をまるで壁のように感じました。初心を忘れず、やる気を持ち続けるにはどうすればよいのでしょうか？

選択理論では、直接、「感情の壁」を乗り越えようとするよりも、「感情の壁」にも大切な意味

が含まれていると考えます。そして、自分の「願望」と、自分のとっている「行動」を合わせていくことの大切さを教えています。

振り返ってみると、物事がうまくいかないときは、こうなりたいという「願望」があっても、「感情の壁」を乗り越えられず、効果的な「行動」ができていませんでした。「行動」には、いつでも「感情」も含まれていること、「行動」することで「感情」も変わっていくことを学んだことは、私の大きな転機になりました。

人の行動は、分離できない「全行動」

選択理論では、**人のとる「行動」は、「行為」「思考」「感情」「生理反応」の四つの構成要素から成り立ち、分離することができない**と教えています。

「行動」と言うと、歩く、話す、食べるなどの「行為」をイメージしたり、考えたことにしたがって行動するので「思考」の部分が目立ちます。「感情」はどうでしょう？　私たちは、いつも何かを感じています。そして、何かしらの行動をすると、それに伴って「感情」が変化していきます。行動すれば『生理反応』も必ず伴います。心臓の鼓動の変化、呼吸の変化、脳の働きによって神経伝達物質の変化があります。

つまり、普通は「行為」と「思考」を「行動」と考えますが、「行動」には、いつでも快や不快の「感情」が伴い、同時に「生理反応」も起こっているのです。**選択理論では、「行動」は四つの要素がいつも一緒に動くことから「全行動」と呼んでいます。**

車の絵にたとえられる「全行動」

選択理論の提唱者、ウイリアム・グラッサー博士は、「全行動」を、図1のように車の絵にた**とえています。前輪が「行為」と「思考」、後輪が「感情」と「生理反応」です。**

この四つの車輪はいつも一緒に動きますが、直接コントロールしやすいのは、前輪の「行為」と「思考」です。前輪をコントロールすることで、後輪の「感情」と「生理反応」を間接的にコントロールすることができます。自分の車のハンドルを握っているのは自分自身なので、前輪の「行為」と「思考」を行きたい方向に向けて動かすことで、後輪の「感情」と「生理反応」が後からついてくるというイメージです。

図1　車の絵にたとえられる「全行動」

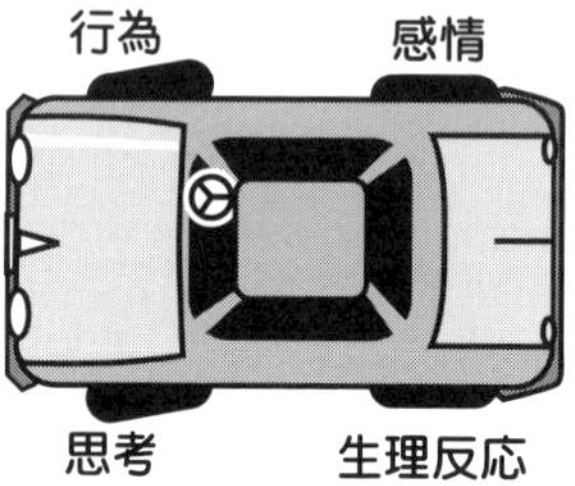

前輪の「行為」と「思考」を直接コントロールするとは、例えば、今すぐ立ち上がろうと思えば立ち上がる（行為）ことができ、夕飯の献立は何にしようかと考える（思考）こともできるということです。

では、後輪の「感情」と「生理反応」を間接的にコントロールするとはどういうことでしょうか？　例えば、急に悲しみの感情に襲われたり、悲しい気分がふりかかってくると感じたりすることがあります。悲しみの感情を自分で選んでいるとはとても思えません。しかし、「今すぐに、悲しい気持ちになってください」と言われたらどうでしょうか？　悲しい気持ちになれた人は、自分が過去に悲しい気持ちになったときのことを考えたのではないでしょうか? 「感情」には、いつでも「思考」が伴っています。「行為」と「思考」を変えることで「感情」は大きく変わります。つまり、「感情の壁」は、「思考」と「行為」を変えることで乗り越えやすくなります。

基本的欲求と後輪（感情と生理反応）の関係

直接コントロールすることが難しい「感情」と「生理反応」ですが、この二つには、重要な役割があります。ある事柄に対する快、不快を私たちに伝えて、それによって**基本的欲求が満たされているかどうかを教えてくれるのです。**基本的欲求は、誰もが生まれながらに持っている欲求で、**「愛・所属」の欲求、「力（承認）」の欲求、「自由」の欲求、「楽しみ」の欲求、「生存」の欲求と五つあることは、**今まで述べてきたとおりです。これらの欲求をバランスよく満たしているかどうかを「感情」と「生理反応」が教えてくれるのです。満たされていれば良い気分を味わうことができ、満たされていなければ、気分が不快で、問題、悩み、症状を抱えがちです。人は自分の感情には鋭感であるが、行動には鈍感であると言われます。「不快」を感じるときは、自分のとっている行動、あるいは上質世界（願望）を見直すときなのかもしれません。

次ページの図2をご覧ください。例えば、友達がほしい（上質世界・願望）と願っているのに、相手のほうから話しかけてくれるのを待っている（行為と思考）子どもは、寂しい気持ち（感情）を抱えています。寂しい気持ちは、友達がほしいという上質世界（願望）が手に入っていないこと、基本的欲求が満たされていないことを教えてくれます。同時に、上質世界（願望）を手に入れるために選んでいる「行為」と「思考」が、効果的でないことを教えてくれています。

後輪を変えようとしないで、前輪を変えるお手伝いを

選択理論を学ぶ前は、生徒の相談に乗るとき、不満や落ち込みの「感情」を変えるお手伝いをしようと願って、「どうしたの？」と共感的に聞いていました。そのときは落ち着きを取り戻し、笑顔で帰るのですが、数日後、同じような問題を抱えてやってくることがたびたびありました。

現在は、**いつも頭の中に車の絵を描きながら、「どうなりたいの？」をキーワードにして相談にのっています。生徒の訴えの奥にある**

図2 基本的欲求と後輪（感情と生理反応）の関係

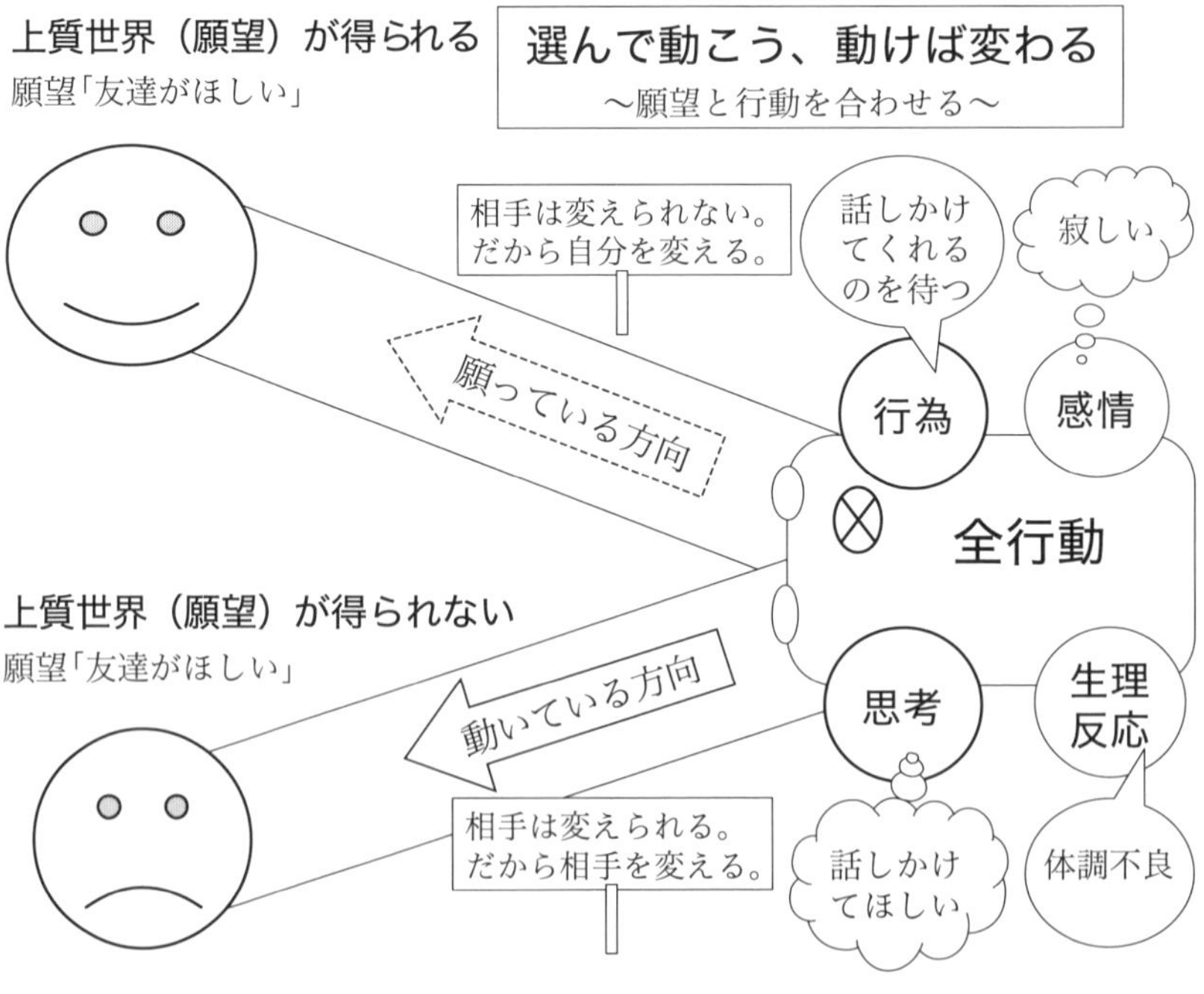

「本当に望んでいるもの＝上質世界（願望）」について、一緒に考えていきます。

先ほどの生徒の例で言えば、「友達がほしい」という上質世界（願望）をはっきりと描いてもらい、「他人は変えられないが、自分は変えられる」という考えのもと、「自分から話しかける」という「思考」に切り替え、「誰に、いつ、どのように話しかけるか」具体的な「行為」の計画を一緒に立てました。結果の報告を約束した数日後には、見違えるような笑顔で報告に来てくれました。

生徒の持っている上質世界（願望）について聴き、実現するための計画を立てることは、お互いに良い気分で相談が進みます。感情を中心に聞いていたときよりも、一回の相談時間も短くなり、同じ生徒が繰り返し訪れることが少なくなりました。私にとって、今までより相談活動が楽で楽しいものになり、ストレス性の胃炎も治りました。

上質世界（願望）と「行動」を合わせていく

相談活動の中で、「本当はどうなりたいの？」と問いかけると、うつむき加減だった生徒の顔がすっと上がることがあります。その瞬間の感動は忘れられません。**生徒自身が解決について考え始めると、今までとは違った行動を取り始めます。**そんな生徒の姿から、上質世界（願望）を思い描くことの大切さを教わりました。願望を見つめることで、それを手に入れるための行動がとりやすくなるようです。「やってみよう」と子ども自らが考え始めると、問題は解決へ向かいます。

そこで、かつての私のように相談活動で苦労している先生に「選択理論に関する情報を提供したい」という上質世界（願望）を持つようになりました。すると不思議なことに次々と出会いがあり、共に学ぶ仲間が増えていきました。二〇〇七年には、なんと、グラッサー博士ご夫妻を西予市に招き、本校訪問が実現しました。もちろん、日本選択理論学会のご尽力、西予市長や校長のご理解ご協力、そして共に学ぶ仲間の物心両面の支援があってこそ実現したものです。

以前の私なら、そんなありがたいお話をいただいても、「私にはそんな企画は無理」と感じ、「感情の壁」を乗り越えられずに辞退していたと思います。しかし現在の私は、「選択理論に関する情報を提供したい」という私自身の上質世界（願望）を見つめて、その「願望」の方向に、車の前輪である「思考」（グラッサー博士の講演会を実現させるには何をどうしたらいいのかを考える）と「行為」（実際に何をするか）をコントロールして進み、「感情の壁」を乗り越えたのです。

やってみよう！　選択理論

一か月間、自分の「全行動」に注目して過ごしてみませんか。その際、次の二つのことを意識することをおすすめします。自分自身の行動を「全行動」として考えることで、願望の行動との関係が理解しやすくなります。

① 「気分が良くなる行動」をしてみて、行動の四つの構成要素がつながっていることを実感してみる。

② 自分の「願望」と、それに向かってとっている「行動」が効果的なものなのか、全行動の車の絵に当てはめて考えてみる。

4

「人間関係を築く七つの習慣」「人間関係を壊す七つの習慣」

問題を抱える人の共通点、うまくいっている人の共通点

ウイリアム・グラッサー博士は、**問題を抱えている人には、「仲良くしたいと思っている人と、仲良くできない」という共通した問題**があると指摘しています。

もしも、彼らが身近で重要な人と良い人間関係を持っていれば、抱えている問題が情緒的問題、依存症、暴力、虐待、犯罪などどんな問題であっても予防できたであろうと述べています。そして、それが子どもの場合でも、問題行動のほとんどは、良好な親子関係、良好な教師と児童生徒の関係があれば防ぐことができると主張しています。

一方、**家庭、学校、職場で満足できる人間関係を持っている人々の共通点は、相手を変えようとしないこと、そして、お互いを思いやり、話を聴き、相手を認め励ますなどといった「人間関係を築く習慣」を使っている**とグラッサー博士は述べています。

「人間関係を築く習慣」を使うことで、「愛・所属」の欲求が満たされます。「愛されている」と感じることで、「認められている」という「力（承認）」の欲求も満たされ、そのような心の状態を保つことで他の基本的欲求も満たされ、良い気分を味わうことができます。

仲良くできない理由は、「人間関係を壊す七つの習慣」

人は誰でも、身近で重要な人との良好な関係を保って、気分良く生活したいと願っています。しかし、お互いの間にどういう方法、手段で基本的欲求を満たしたいかが食い違ったとき、問題が生じます。つまり、私たちは同じ基本的欲求を持っていても、それを満たそうとして脳に描く上質世界（願望）は、一人一人違っているのです。私の友人でカウンセラーの中原光子さん（岡山市）は、上質世界（願望）を「宝箱」にたとえています。自分にとってはかけがえのない「宝箱」なので、自分の「宝箱」こそがすばらしいと考えがちです。そのため私たちは通常、「自分が正しく、相手は間違っている」と考える傾向があります。そして、ほとんどの人が、「外側から相手を変えることができる」と考えています。ですから、つい相手と意見が食い違ったとき、「**批判する**」「**責める**」「**文句を言う**」「**ガミガミ言う**」「**脅す**」「**罰する**」「**ほうびで釣る**」などの方法で、相手を自分の思い通りにしようとします。これらを選択理論では「**人間関係を壊す七つの習慣**（**七つの致命的習慣**）」と呼んでいます。

これらの習慣を使い続けると人間関係は壊れ、願望が手に入らず、基本的欲求も満たされません。結局、問題はこじれて良い気分が味わえなくなります。

学校で、生徒たちのために、より良い支援をしたいと思って選択理論を学び始めた私ですが、家庭では二人の息子たちをよく叱っていました。

母親の私の上質世界（願望）には「もっと勉強してほしい」とか「もっと部屋を片づけてほし

い」という願望がありました。息子たちの上質世界（願望）にはそれらがありません。親である私の上質世界（願望）こそが正しく、親の言うことを聞かない息子たちは間違っていると考え、「勉強しなさい」「片づけなさい」とガミガミ言い続けていました。

叱り始めると感情がコントロールしづらくなり、後で、あんなに叱らなくてもよかったのに……と感じて落ち込むことがよくありました。その割に息子たちの行動はほとんど変わらず、効果はありませんでした。しかし、親が言い続ければ息子たちを変えることができると信じて、「批判する」「責める」「ガミガミ言う」といった「人間関係を壊す七つの習慣」を使い続けていました。

「人間関係を築く七つの習慣」の持つ不思議な力

選択理論では、お互いの上質世界（願望）が食い違うときに、「自分は正しい、相手は間違っている」と考えるのではなく、「**人はそれぞれ違う上質世界（願望）を持っている**」と考えます。そして、その上質世界（願望）を手に入れようとして、人は内側から動機づけられて行動するという考え方をします。

相手と意見が食い違うときも、相手を変えようとするのではなく、まずは、相手はどのような上質世界（願望）を持っているのかを**じっくり聴き**、こちらの上質世界（願望）を**穏やかに伝えます**。例えば、「**傾聴する**」「**支援する**」「**励ます**」「**尊敬する**」「**信頼する**」「**受容する**」「**意見の違いについて交渉する**」といった「**人間関係を築く七つの習慣**」を使うことをすすめています。

自分の望んでいるものに固執するよりも、まずは人間関係の維持、改善を優先することで、「愛・所属」の欲求が満たされます。「愛されている、認められている」と感じることで、他の基本的欲求も満たされやすく、良い気分が得られ、意欲的で創造的な取り組みができるようになります。結果として、良好な人間関係と願っているものの両方が手に入る可能性が高いのです。

問題を抱えた子に教わった「人間関係を築く七つの習慣」の秘訣

選択理論を学ぶことで、人間関係の重要性を再認識して、特に不登校や保健室登校をしている子、問題を抱えている子に対して、「人間関係を築く七つの習慣」を積極的に使う決心をしました。毎日毎日、根気強く、認め励ます言葉かけを続けました。「そんなに学校に来るのがつらいのによく来たね」とか「○○さんのその優しい気持ちはすばらしいね」と、その子の肯定できる部分をたくさん見つけて表現しました。また、子どもの夢や願いを尋ねて耳を傾けました。子どもたちにだんだんと笑顔が増え、表情が豊かになってきたことで手ごたえを感じました。

そうしているうちに、私自身の思考習慣が変わっていったことに気がつきました。学ぶ以前の私は、息子たちの長所は見逃したり、気づいても口にしないことが多く、反対に短所は見逃さず、親としての責任感から良かれと思って批判したりガミガミ言ったりしていました。しかし、毎日、生徒に対して「人間関係を築く七つの習慣」を使い続けることは、同時に、自分や周りの人の良い面に焦点を当てる練習になりました。家庭でも夫や息子たちの短所よりも長所に目を向けるようになり、いつの間にか温かい言葉かけができるようになりました。家族に心から感謝できる私に変わっていきました。今では生き生きと前向きに生活する息子たちにも満足しています。

「人間関係を築く七つの習慣」の大切さを生徒に教えるつもりだった私が、逆にその秘訣を生徒から学んだのです。素直な生徒たちに心から感謝しています。保健室で抱えていた問題も、その多くが解決していくようになりました。図3は、保健室へ来た生徒のためと支援する私のために、保健室に掲示しているものです。

人から与えられるものは、すべて情報

物事が思い通りにならないとき、人は気分が不快になり、それを誰かのせいにしがちです。先ほどの例で言えば、私は「勉強しない息子が私を怒らせた」

図3　人間関係を築く７つの習慣、人間関係を壊す７つの習慣

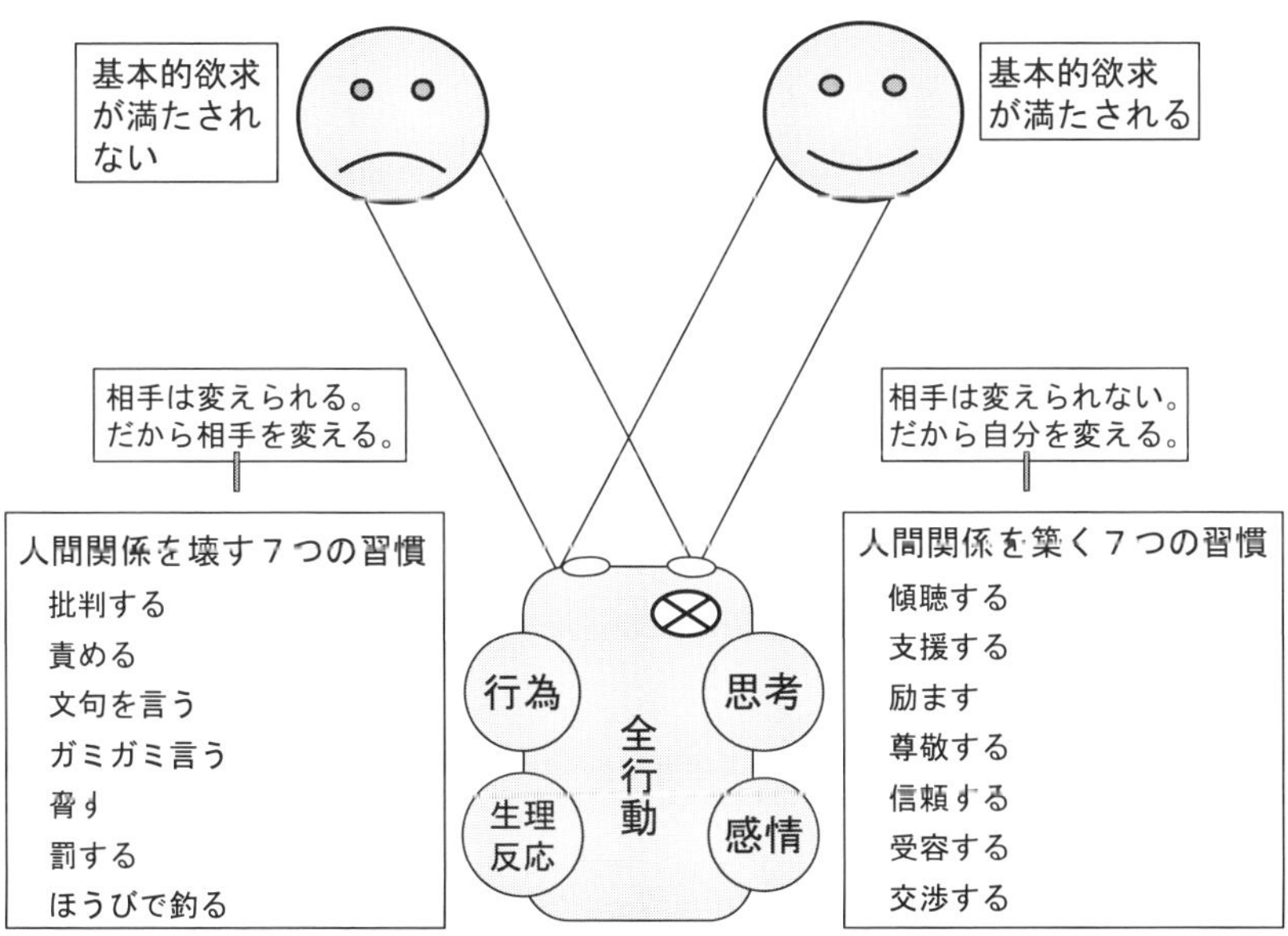

と考えていました。

しかし、選択理論では、「私自身が、怒ることを選択した」になります。**他人から得るもの、他人に与えるものはすべて「情報」**です。「情報」そのものが私たちを惨めな気持ちにさせたり、幸せにしたり、何かの行動を起こさせたりはしません。「情報」をどう解釈し、どのような行動を選択するかは自分次第なのです。

私は息子に対して怒る選択をやめ、「人間関係を築く七つの習慣」で接する決心をしました。習慣を変えることは一朝一夕にしてできることではありません。時間と努力が必要でしたが、だんだんと意見が違うときにも、穏やかに話し合うことができるようになりました。

友人関係は、良好な人間関係を築くモデル

「人は外側から変えられる」と多くの人が考え、親は子を、教師は児童生徒を、上司は部下を、コントロールしたがります。

一方、友人との関係では、相手をコントロールしようとはしません。そんなことをすれば友人を失ってしまうからです。友人には思いやりを持ち、かつ所有しているとは思わないので、無意識のうちに「人間関係を築く七つの習慣」で接しています。幸せな結婚を続けている夫婦、家庭や職場に満足している人々の共通点は、お互いを思いやり、相手を自分の所有とは考えないことだとグラッサー博士は述べています。

もし、私たち親や教師が、「人間関係を築く七つの習慣」を使って子どもに接したら、子ども

は「愛されていないのではないか、認められていないのではないか」という不安と戦うエネルギーのロスがなくなり、自己肯定感を育んでいくことでしょう。そして、十分に子ども時代を生き、温かい友人関係を築いていけることでしょう。

エネルギーロスのない学校をつくれば子どもたちの役に立つ、そう信じています。

やってみよう！　選択理論

一か月間、「人間関係を築く七つの習慣」を意識して過ごしてみませんか。その際、次の二つのことをおすすめします。

①　自分に対して、積極的に「人間関係を築く七つの習慣」を使ってみる。自分を認め肯定することの心地よさを感じる。

②　「あの人（あの児童、あの生徒）の肯定できる部分はなんだろう」と考え、それを表現してみる。つまり、「人間関係を築く七つの習慣」で接してみる。

自分や相手を肯定的に見ることで、気分が楽で楽しくなり、「人間関係を築く七つの習慣」が身につきやすくなります。

第2章 選択理論を学校でどう活用するか

1 選択理論を活かして、子どもの自己肯定感を育む

第1部第2章では、事例や取り組み例、学習指導案、調査などを取り上げながら、選択理論が学校現場でどんなふうに活用できるか、ご紹介していきたいと思います。

問題を抱えた子の共通点――「自己肯定感が育まれていない」

子どもたちの様子で、以前から気になっていることとして、子どもたちの自己肯定感が低いと

いうことがあります。特に、問題や悩みや症状を抱えて繰り返し保健室に来る子どもは、大人の想像以上に自己肯定感が育まれていません。

彼らは、親しくなると「自分には良いところなんてない」とか「どうせ、やっても無理」「自分のことは嫌い」などと口にすることがよくあります。私から見れば、良いところもたくさんあり、やればできる素質と環境に恵まれた子どもたちです。自己肯定感が育まれていない状態では、意欲も湧かないばかりか、健康にも悪影響が出ます。実際に、彼らはストレスを感じることが多く、そのためか、よくカゼをひいたり、体調不良を訴えたり、年間六日以上欠席する子も多いようです。

自分を否定的に見ている子どもは、周りに対しても否定的にかかわることが多く、良好な人間関係を築くことが難しいようです。また、ケガをしたり、トラブルに巻き込まれたりすることが多いことにも気づきました。

子どもが心身ともに健康に発育するためには、自己肯定感を育むことが必要不可欠なことだと思うようになり、自己肯定感に関する実態調査や自己肯定感を育む方法を求め続けてきました。そして、選択理論の中に納得できる答えを見つけたのです。

選択理論では、「人は誰しも基本的欲求を持ち、それを満たすことで良い気分を得ることができる」としています。特に身近で重要な人と良い人間関係を築くことで、「愛されている」という「愛・所属」の欲求と、人として存在価値を「認められている」という「力（承認）」の欲求を同時に満たすことができ、他の欲求もバランス良く満たすことにつながります。「基本的欲求、特に愛・所属の欲求を満たすことが健全な自己イメージを形成し、自己肯定感を育むことにつながる！」と私は考え、子どもたちの基本的欲求を満たすお手伝いをしたいと願うようになりました。

問題を抱えたA君との出会い

ずいぶん前のことですが、A君との出会いは印象的でした。

A君はときどき、カッとなって学級で友達に暴力をふるうことがあり、落ち着くまで保健室で預かることがありました。そんなときの彼は、肩をいからせ首をすくめて「つまんねぇ！」「うるせぇ！」を連発し、親、教師、友人への文句をブツブツ言っていました。担任教師も私もそのたびに「どうしてそんなことをするの？」とわけを聞き、「暴力は絶対に許されない！」「相手の気持ちも考えて……」と指導したのですが、問題行動はいっこうに収まりません。当然、学級は混乱し、様々な理由をつけて多くの子どもたちが保健室に避難し、チャイムが鳴っても教室へ帰りたがらない子もいました。

私が選択理論に出会ったのは、この状況を何とかしたいと思っていた矢先でした。「短期間で問題解決につながる」と知人に誘われ、選択理論の講座に参加しました。重度の精神病患者の社会復帰、青少年更生施設での成功、問題行動のまったくない学校をつくった実績などを知り、その秘訣を学べば、A君の支援もきっとうまくいくだろうと考えたのです。

Ａ君を選択理論にそって理解すると……

私はＡ君の問題を選択理論にそって考えてみました。

○**彼が問題を起こす理由**は、基本的欲求が満たされていないため、良い気分が得られない。

○**基本的欲求が、満たされない理由**は、身近で重要な人との人間関係がうまくいっていないため。

○**人間関係がうまくいっていない理由**は、脅す、乱暴をするといった「人間関係を壊す習慣」を使っているため。

○**「人間関係を壊す習慣」を使う理由**は、手っ取り早く自分の欲求を満たして良い気分を味わうためであるが、それこそが、友達の欲求充足の妨げになり、友達から嫌われ大人からは叱られ、基本的欲求が満たされないという悪循環に陥って、常に寂しい気持ちを抱えている。

以上のように理解すると、**彼自身が蒔いた種ではありますが、周りの誰とも良い人間関係を築くことができていないため、「愛・所属」の欲求が満たされず、自己を肯定的にとらえることができなくなっている**のだと感じました。**人は、自分のことを認めてくれる人の存在なくして、自己肯定感を育むことはできない**のだと痛感しました。

そんな折、彼は、休み時間に保健室へやってきて**「先生、なあ、自分のこと好きなヤッっている？」**と聞いたのです。そして**「自分のことなのに。気持ち悪りぃ！」**と続けました。

私はその瞬間の彼の顔を忘れることはできません。友達には威張り散らしている彼が、内面では自己否定と闘っているのだと感じ、胸がつまる思いがしました。

Ａ君に選択理論で対応すると……

私は、Ａ君の欲求充足のお手伝いをすることで、彼が「愛され、認められている」という「愛・所属」の欲求を満たすことができれば、自己肯定感が育まれるだろうと考えました。

「基本的欲求、特に愛・所属の欲求を満たすことができれば、人は問題を起こす必要がない」とグラッサー博士は述べ、その方法として認め励ますといった「人間関係を築く七つの習慣」を使って接することを勧めています。

まず私は、明るく前向きな青年に成長して微笑む二五歳の彼を想像し、次に「彼を認め励ましている私」を**イメージ写真**に思い描きました。イメージ写真のような私になるためには、実際に彼を認め励ます**行為**が必要で、そのためには、Ａ君の良い面を見るといった**思考**に切り替える必要があることに気がつきました。問題ばかりが目立つ彼を、私も担任もどんなふうに認めたらよいか迷いました。そんなとき、選択理論の入門書『幸せを育む素敵な人間関係』の中の一文がヒントになりました。

「あなたの感情の九五％は、あなたが起きた出来事を自分自身でどう解釈するかにかかっている。だから、すべての出来事の中で、肯定的な面を見つけることを遊び感覚でやりなさい」

アメリカを代表する経済哲学の権威者の一人、ブライアン・トレーシーの言葉です。

遅刻せずに元気に登校してきたとき、いつもの彼ならキレそうな場面でキレなかったとき、ちゃんとあいさつができたとき、授業のじゃまをせず一日何も問題を起こさなかったときなど、視点を変えれば認められることはいくらでもありそうです。当たり前に思えることでも、**基本的欲求が満たされていない彼にはきっと努力を要することで、彼なりにがんばっている**のだと思えてきました。彼が一人でいるときにそっと、「今日はよくがんばったね」と笑顔で声をかけました。

A君との人間関係を築いて、夢の話をする

認め励ますかかわりをしようと思えば、**ふだん問題を起こしていないときに積極的にかかわる**必要があります。なぜなら問題を起こしたときは、暴力や暴言をやめさせるため、必要な指導をしなければならなくなるからです。

A君に、笑顔で声をかけたり話を聞いたりして、気遣う気持ちを伝える努力を少しずつ毎日続けました。

一か月ほどして、彼と話をしているとき「我慢してばっかり」と漏らしました。他の子から見れば、やりたい放題に見える彼ですが、その行動ゆえに周りの大人から認められることが少なく、結果的に、基本的欲求が満たされないことを我慢してきたのだと思います。

人間関係を築きつつ、「どうなりたいか」を尋ねました。最初は「夢なんかねえよ」と言っていましたが、そのうち「将来スポーツ選手になりたい。今は、思いっきりスポーツをやってみたい」と言い出しました。

彼は放課後のスポーツ活動に参加するようになり、メキメキ上達しました。その頃から彼の声や表情が急に柔らかくなり、これが「うるせぇ！」を連発していた同じ子の声だろうかと感動さ

え覚えました。そして、奉仕作業を熱心にする姿を見かけ、うれしくなって家庭へ電話しました。母親は「学校から良い連絡をもらったのは初めてです」と声を詰まらせていました。私も選択理論を知る前は、家庭との連携を考えて「悪い連絡」をする一人でした。

「自分のこと嫌いな人っているんですか？」

授業中、休み時間、集会活動など、子どもたちが集まっているときに、瞳が輝いて表情が生き生きしている子がいます。

彼らを観察すると、カゼが流行ってもかかることが少なく、ケガや欠席もあまりありません。勉強にも運動にも前向きで、思いやりがあり、いじめやトラブルにあうこともほとんどないようです。友達が多く、学校生活を楽しみ成果をあげています。

いつも瞳が輝いているB君に「自分のこと好き？」と尋ねたら驚いて、「自分のこと嫌いな人っているんですか？　自分のことなのに」と答えた笑顔は、今でも私の目に焼きついています。

自分や周りを肯定的に見ているB君は、ストレスを感じることが少なく、多少の失敗は笑いに変えているようです。新しいことに挑戦したいという気持ちも強く、やればきっとできるとイメージしています。すべての子どもが、自己肯定感を育み、瞳を輝かせて子ども時代を豊かに生きてほしいと願います。

やってみよう！　選択理論

先ほど紹介した『幸せを育む素敵な人間関係』の著者である柿谷寿美江先生から、以前、次のようなメールをいただいたことがあります。

過去の自分より成長したいなら、今のままの自分では達成できないような目標を持つことが大事。目標が先で、やり方がわからなくても大丈夫。潜在意識がつくる「あなたには無理」という言い訳の山々を押し分け、目標を見続けます。私も毎日を一歩一歩の積み重ねにしていきたいと思います。過去、潜在意識に入れてしまったマイナスを上回る数のプラスの言葉「うれしい、楽しい、幸せ、愛してる、大好き、ありがとう、ついてる」を口に出して言ってみてください。私自身も、それを始めて一週間ですが、すでに良い変化を感じています。

With Love, 柿谷寿美江

皆さんも、「どうなりたいか」を自分に尋ね、ご自身の目標（夢）を明確にイメージしてみませんか。

その目標（夢）は、今のままの自分では達成できないかもしれません。「私には無理」という考えや「できない理由」が次々と浮かんでくることもあるでしょう。でも、目標（夢）を見続けること、そして一歩でいいから目標（夢）に近づく積み重ねをすることで、生活に良い変化が生まれるのです。その際、自分にプラスの言葉を投げかけてあげましょう。

2

相談活動にリアリティセラピーを活かす

選択理論を使うと、相談活動にゆとりができた

選択理論を使ったカウンセリングは「リアリティセラピー」と呼ばれています。認知療法の一つにも分類でき、解決志向療法、短期療法にも似ています。私は、学校での相談活動にリアリティセラピーを使い始めて、時間と心、両方のゆとりを実感できるようになりました。それまで子どもの深刻な相談にのるときは、訴えや感情を中心に三〇～五〇分、話を聴いていました。すると、そのときは子どもは笑顔を取り戻して教室へ戻っていきますが、似たような問題で再び相談に訪れたり、私自身も気分が重くなったり、胃がおかしくなったりしていました。

選択理論・リアリティセラピーでは、原因を探る時間がかなり短縮できます。人が問題や悩みや症状を持って相談に来るのは、「基本的欲求が満たされていないから」という前提に立っているからです。また、カウンセリングの方向性も明確です。カウンセラーは、人間関係を築きながら、相談者の「願望」について質問し、その願望を手に入れるために、効果のある具体的な計画を立てるお手伝いをしていきます。願望を話題にしますので、お互いに明るい気分で相談が進みます。

リアリティセラピーの練習と四つの質問

リアリティセラピーは、質問しながら人間関係を築いていきます。質問する際には次のことを心がけています。まず、子どもが**相談に来たことを評価する**ことです。そして、相手に**思いやりの気持ちが伝わるような声の調子、表情、言葉で接する**ことです。つまり、認め励ますといった「人間関係を築く七つの習慣」を使って接することが大切です。

研究会（日本選択理論心理学会西予支部。日本選択理論学会の支部は全国に二一支部あります）では、モデルケースを設定して練習しています。グラッサー博士は、選択理論を使って**ロールプレイをすることが選択理論を身につける一番の早道**だと述べています。選択理論は自由な使い方ができますが、学校での相談活動では、次の四つの質問から使うとなじみやすいと思います。

① **「どうなったらいいと思いますか？」（願望を聞く）**
② **「そのために何をしていますか？」（現在の行動を聞く）**
③ **「それは効果がありますか？」（自己評価を促す）**
④ **「より良い方法を考えてみませんか？」（計画を立てる）**

よくある相談事例に当てはめてみると……

では、学校でよくある相談の中で、この四つの質問を使って解決のお手伝いをした具体例をご紹介します。

私は、子どもの相談にのるとき、車の絵で表される、図4を頭に描いて、その子の**全行動の状態を把握します。**

そして、**話を聞いて問題を理解します。**

例えば、腹痛（生理反応）を訴えてきたC子に対して、まずは体調を気遣い、症状や生活の様子について詳しく聞きました。その後で「他に気になることはない？」と尋ねると、ぽつりぽつりと「友達に無視されているような気がして（思考）、教室に入りづらく保健室へ来た（行為）」と言い、みじめで寂しい気持ち（感情）を訴え始めました。私は、これらの話から、C子の全行動が不調和であることを把握しました。

①「どうなったらいいと思いますか？」（願望を聞く）

子どもは問題を訴えますが、それは望ん

図4　リアリティセラピーの４つの質問と全行動

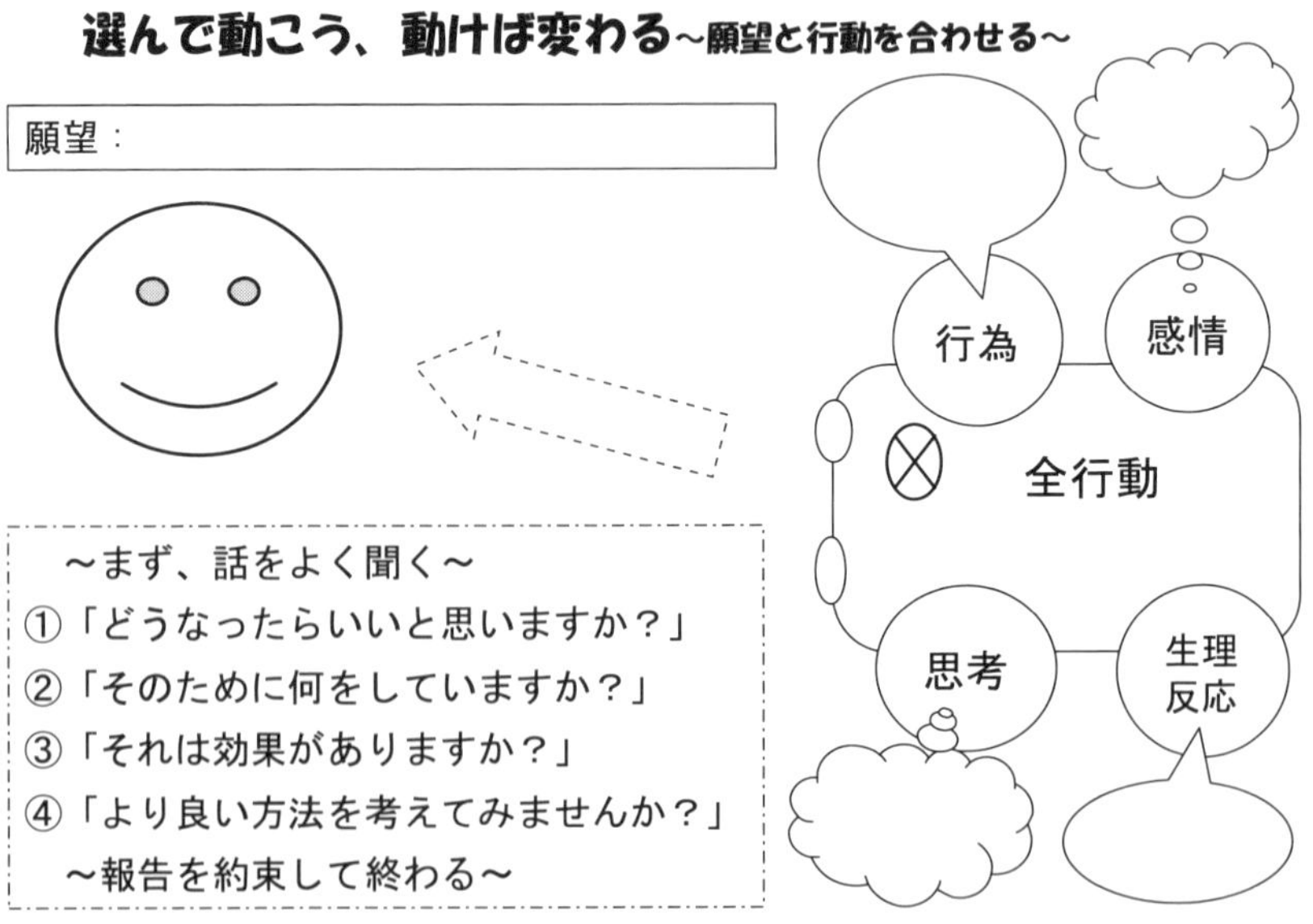
選んで動こう、動けば変わる～願望と行動を合わせる～
願望：
行為
感情
全行動
思考
生理反応
～まず、話をよく聞く～
①「どうなったらいいと思いますか？」
②「そのために何をしていますか？」
③「それは効果がありますか？」
④「より良い方法を考えてみませんか？」
～報告を約束して終わる～

でいる上質世界（願望）が得られていないから、問題を感じているわけです。ですから、過去や問題そのものについての訴えをことさら長く聞くのではなく、「どうなりたいのか」について焦**点を合わせていきます**。また、**願望を聞くことは、問題解決の糸口が見えてくるばかりでなく、カウンセラーとの人間関係づくりに役立ちます。**

Ｃ子の場合は、最初は「クラスを替えてほしい」と言いました。そこで、「**もし、それができたら、今得ていない何が得られるのかな**」と質問すると、「隣のクラスなら雰囲気も良く話しやすい」と答えました。重ねて、「話しやすいクラスだと、何が得られるかな」と尋ねると、「クラスのみんなから好かれる自分」をイメージしているようです。さらに、それによって何が得られるかを尋ねると、「自分のことをわかってくれる友達ができる」と話し、**一番の願い**は、「親友がほしい」ことだと彼女自身気づいていきました。

Ｃ子に、もし、親友ができたらどうなるか思い描いてもらうと、「朝起きるのが楽になり、教室にも入りやすく、休み時間が楽しみになって体調も良くなるだろう」と言いました。Ｃ子の上質世界（願望）が明確になりました。

②「そのために何をしていますか？」（現在の行動を聞く）

上質世界（願望）を得るためには、それなりの行動をとる必要があります。そのために何をしているかを尋ねます。

Ｃ子は親友がほしいと望んでいるが、そのために何をしているかと聞くと、「自分からは声をかけにくいので、声をかけてくれるのを待っている」「他には何もしていない」と言いました。

③「それは効果がありますか?」(自己評価を促す)

上質世界(願望)を得るために、「今のやり方で、それは手に入りますか?」と質問し、自分が今のままでは願望が手に入らないことを自己評価してもらいます。同時に、願望を手に入れるために「**誰の行動を変えられますか?**」と尋ねます。

C子は、相手から話しかけられるのを待っているという自分の行動は、親友がほしいという上質世界(願望)に対して役に立っていないこと、自分の行動を変える必要があることを自己評価しました。さらに、「**友人からはどう見られていると思いますか?**」と質問すると、「自分からみんなを避けているように見えるかもしれない」と自己評価することもできました。

④「より良い方法を考えてみませんか?」(計画を立てる)

上質世界(願望)をありありと描き、**それを得るためには思考と行為をどのように変えていったらよいかを考え、行動計画を立てます。計画を実行することで願望が実現するというイメージを持ってもらいます。**

C子に、友達ができたときの楽しさを想像しながら「友達をつくるためにはどうしたらよいか?」を考えてもらいました。教室へ入るとき、あいさつをして入ることにしました。また、友達になりたいD子には、昼休みに自分から笑顔で話しかけることを決めました。できるかどうか不安だというので、実際の場面を想定して、私がD子を演じて練習しました。**それらをいつから実行するか尋ね、結果報告を約束して相談を終えました。**

三日後、C子は笑顔で「みんな想像していたよりも話しやすかった」と報告に来てくれました。

計画どおりできた子とは共に喜び、できなかった子には「挑戦したことの価値」を認め励ましていきます。根気強く続けて、あきらめさえしなければ、確実に目標に近づいていくことをイメージしてもらいます。

選択理論に基づく「親の会」の実践

私はこれまでにいろいろなカウンセリングを学びながらも、身近な人には使えないというイメージを持っていました。しかし選択理論は、身近で重要な関係でこそ活かすように勧められています。

そこで、不登校で悩んでいる子の保護者から依頼された「親の会」を立ち上げました。それまで私自身の力不足を感じて先延ばししていましたが、選択理論をベースにすれば良い支援ができると考え決心がつきました。当時の三瓶町理事やひまわり保育園の園長先生の物心両面にわたる支えと関係教員の連携が功を奏して、多くの成果を上げることができました（現在は問題が少なくなったために活動をしていません）。

親の会の最初は、母親の胸に詰まっていた苦しい思いや、我が子の状態がどれだけ悪い状態かについて語るだけで時間が過ぎていきました。選択理論を学ぶうちに、親子のかかわりを見直して「人間関係を築く七つの習慣」を使っていこうと励まし合い、実践を通してその成果を喜び合えるようになりました。だんだん親と子が一緒に参加する家庭が増え、親子で選択理論を学び、子どもたちの体験を広げるために、二泊三日のクオリティ・キャンプも行いました。最終日に行った、高さ八メートルの壁登りに挑戦する親子も多く、壁を登る子どもと下から応援する親が一体化して大いに盛り上がりました。

卒業式の日、会員のお母さんからお手紙をもらいました。

選択理論のおかげで、娘が幸せな卒業式を迎えられること、本当にありがとうございます。今、娘は、「お母さんを信じている」と言って、いろいろな話をしてくれます。…中略… 先生がいつも言ってくださっていたとおり、「自分自身の気持ちが動けば、いつでも前に進むことができる」ことを実感しています。母親の私は何もしていません。娘を信頼して「人間関係を築く七つの習慣」を心がけただけです。悩んでいるたくさんの人に選択理論を教えてあげたい気持ちです。選択理論を教えていただき、本当にありがとうございました。

やってみよう！ 選択理論

ご自分に対して四つの質問をして、何かを始めてみませんか（図4も参考にしてください）。

「どうなったらいいと思いますか？」

「そのために何をしていますか？」

「それは効果がありますか？」

「より良い方法を考えてみませんか？」

実際に動くことで何かが確実に変わることを、実感できると思います。

3 やってみよう！　選択理論の授業

選択理論を学び実践していく中で、問題を抱えた生徒だけでなく、生徒みんなに選択理論のエッセンスを届けたいと考えるようになりました。そして、三瓶中学校の一年生全学級で、担任と一緒に授業を行いました。

特別支援学級で「『自分を知り、自分を輝かせよう』学習指導案Ａ（中学生・高校生用）」を使い授業を実施したときのことです。「欲求の強さについてのアンケート」（六四～六五ページ）をやった知的障害のある生徒が、「僕は『自由』の欲求が強いから、命令されるとイライラしてくるんだな。わかったぞ」と言いました。そこで、「じゃあ、どうしたら、イライラすることが減るかな？」と尋ねると、「命令されるのがイヤだから、自分からやる！　それから、僕は時間がギリギリだと焦ってイライラしてくる。だから早めに行動する！」と自己評価しました。

欲求の強弱は遺伝的な要素が強く、生涯あまり変化しないとグラッサー博士は述べています。そうだとしたら、彼の場合は、人の迷惑にならない方法で、積極的に「自由」の欲求を満たす工夫が必要です。担任は授業後、「『愛・所属』の欲求が強い私は、Ａ君の自由奔放な行動を不思議に思っていたけれど、こんなにも「自由」の欲求が強いからなんですね」と感想を述べていました。授業後、彼の行動が理解しやすくなり、支援もしやすくなったと言っていました。

通常の学級での授業後の感想（中学生）も紹介します。

・私は、「自由」の欲求が強いことがわかりました。だから人に指図されたくないのだと思いました。だけど、自分勝手な行動は人の迷惑になるので注意したいと思いました。

・僕は、「愛・所属」と「力（承認）」の欲求が満たせていないと思いました。自分から友達に話しかけたり、目標を持って生きていこうと思いました。

・とても楽しかったです。自分には何が足りなくて、何が満たされているかなど、今まで知らなかった自分のことがよくわかったのでうれしかったです。このアンケートを家族にも紹介したいです。

日本選択理論心理学会松山支部に出向いて、希望する子どもやその保護者向けに出前授業を実施したときのことです。第二回の出前授業のとき、一か月前の第一回にも参加されていたお母さんが体験発表をしてくださいました。

「今まで家庭がうまくいかないときは、夫のせい、子どものせいと考えてきました。選択理論の授業を受けて一か月間、私自身が『愛・所属』の欲求の重要性を意識するようになっただけで、家の中の空気が一変しました。そして、人間関係を築く七つの習慣、特に『励ます』などプラスの言葉を使うように心がけると、いつも私の家事の仕方を批判していた夫があまり文句を言わなくなりました。それどころか私に相談を持ちかけてきたり、子どもたちは進んでお手伝いをしたりしてくれるようになりました。結局、私の気持ちや人間関係、環境は、私自身が決めていたのですね」

このお母さんのユーモラスな語り口に、参加者は爆笑しながらもうなずいていました。実は、私も選択理論を学ぶ以前は、まったく同じように考えていました。

別のお母さんからは、「ＡＤＨＤと診断された息子は、毎日のように友達とトラブルを起こしていましたが、『力（承認）』の欲求が満たされていないための注目行動だと気づき、息子が『力（承認）』の欲求を満たせるよう家庭で認め励ましていくと、学校で問題を起こすことがほとんどなくなりました」という報告もあり、参加者の実践力に驚くとともに、私自身も勇気をもらいました。

「選択理論の授業をやってみよう！」と思われた先生は、まず、ご自身はどの欲求が強いのか、「欲求の強さについてのアンケート」（六四～六五ページ）と「欲求の充足度についてのアンケート」（六六～六七ページ）を実際にやってみることをお勧めします。これらのアンケートは、立正大学の柿谷研究室の皆さんや日本心理学会会員の方々から教えていただいたことと、保健室で子どもたちから学んだこととを組み合わせてつくりました。

ご自身のアンケート結果をもとに、基本的欲求について考え、自分はどの欲求が強いかを知り、欲求を積極的に満たしていくことでよい気分を味わってみてください。きっと、「人は、基本的欲求を満たす必要がある」ということに納得していただけると思います。

基本的欲求を満たすことで、人は幸せを感じ、幸せな人は問題を起こしません。それだけでなく、幸せな人は、人の欲求充足のお手伝いができるようになります。学級で、学校全体で、基本的欲求を満たした子どもが一人、また一人と増えたら、学校が今よりも安全で安心でき、自己発揮できる場所になっていくと信じています。本書で紹介する学習指導案が、そのきっかけとなれば幸いです。今後、さらに効果的なものに改善していきたいと願っていますので、ぜひ、ご意見をお寄せください。

「自分を知り、自分を輝かせよう」学習指導案Ａ（中学生・高校生用）

１　目　標　生徒自身が、自己理解を深め、自己肯定感を育む方法を学ぶ

２　活動名　「自分を知り、自分を輝かせよう」～自己肯定感を育むために（アンケートを中心に）～

３　指導観

現代社会は複雑化し、先の見えにくい時代だと言える。だからこそ、心豊かにたくましく、自らの道を切り開き歩んでいける人に育ってほしい。そのためには、自らの内面に自己肯定感を育んでほしい。しかし、日本の子どもは、種々の国際調査の比較から自己肯定感が低いことが指摘されている。

自己肯定感を高めるためには、まず自分を知り、自分のよさに気づいて、それを輝かせることが大切であり、そのための手立ての１つとして、選択理論のエッセンスを紹介したい。

選択理論では、すべての人が生まれながらに持っている５つの基本的欲求を、積極的に満たすことを勧めている。５つの基本的欲求とは、「愛・所属」の欲求、「力（承認）」の欲求、「自由」の欲求、「楽しみ」の欲求、「生存」の欲求で、特に「愛・所属」の欲求が満たされると、他の欲求も満たされやすい。そして、他人の欲求充足を妨げることなく、自らの責任として基本的欲求を満たすことが大切であるとする。

生徒自らが基本的欲求を満たすことで、情緒が安定し自己肯定感が高まり、穏やかで意欲が湧く「心の状態」になると考えられる。生徒一人一人が自己肯定感を育むことができれば、学級、そして学校全体がより安全で安心できる場所となるであろう。

４　授業の流れ

①自分が持っている欲求（５つの基本的欲求）に気づく。

②自分の欲求の「強さの度合い」と「充足度」について、アンケートをもとに考える。

③欲求を満たすコツ（まず「愛・所属」の欲求を満たす）とルール（人の欲求充足のじゃまをしないで自分の欲求を満たす）を知る。

展開例

時間（分）	学習活動と教師のセリフ	展開での観点・留意点	資料等
（２分）	１　本日の活動についての説明 ・「自分はどんな性格、どんな才能を持っていると思いますか？」	・「自分を知り、自分に与えられた資質を生かしてほしい」というメッセージを伝える。	
（３分）	２　アイスブレイク 「後出しジャンケン」 ・①教師とジャンケンをして、生徒は後出しをして勝つものを出す。 ・②生徒は後出しをして負けるものを出す。 ・どちらが容易であったか、質問する。	・性格について理解するために、誰もが共通して持っている欲求について理解する。 ・後出しで勝つことは容易であり、楽しいことを体験する。 ・後出しでも、負ける方法を考えることは難しく、違和感があることを体験する。 ・全員が、生まれながらに、勝ちたい、がんばりたいという「力（承認）」の欲求を持っていることに気づく。	黒板に「力（承認）」の欲求のカードを示す。
（８分）	３　基本的な欲求を知る ・「学校で、友達が一人もいなかったとしたら？」「一人で無人島に住みなさいと言われたら？」 ・「今日から、昼休みはありませんと言われたら？」 ・「今年から、遠足や修学旅行や文化祭はしないと言われたら？」 ・「今日は食事なしですと言われたら？」	・他の４つの欲求を持っていることに気づくような質問をする。 ・人は誰でも、生まれながらに「愛・所属」の欲求を持っているので、不愉快である。 ・人は誰でも、生まれながらに「自由」の欲求を持っているので、不愉快である。 ・人は誰でも、生まれながらに「楽しみ」の欲求を持っているので、不満足である。 ・人は誰でも、生まれながらに「生存」の欲求を持っているので、不愉快である。	「愛・所属」のカードを貼る。 「自由」のカード、「楽しみ」のカード、「生存」のカードも順に貼っていく。

	・５つの願い（欲求）のうち、どの欲求が強いタイプかを予想する。	・教師がワークシートの「１　予想してみよう」を読み上げ、生徒は自分の性格の特徴に一番近いものを予想して予想らんに○をつける。	
（15分）	４　欲求の強さのアンケート　５つの基本的欲求は誰でも持っているが、求める強さは違っていて、それが性格に大きな影響を与えている。自分の性格を知る目安として、実際にアンケートをやってみよう。 ・各自が集計して、結果をワークシートに転記する。 ・それぞれの欲求で、３以上、４以上、５の人……と手を挙げ、お互いに分かち合う。 ・自分の予想とアンケートから、今の時点で一番強いと思う欲求に手を挙げ、分かち合う。 ・強い欲求については、より多く満たす工夫をすることで、気分よく、意欲的になれることに気づく。 ・欲求を満たすときのルールを知る。「人の欲求充足のじゃまをしないで、自分の欲求を満たす」	・「あまり考えすぎずに、アンケートをやってみよう。そのほうが自分の性格が出やすい」と言葉かけをする。 ・アンケートに答えながら、ほとんどが当てはまる欲求、あまり当てはまらない欲求があることに生徒自身が気づくことも多い。 ・数値は、目安であることを伝える。 ・人は、生まれながらに５つの基本的欲求を持っているが、それぞれの欲求の強さは人によって違うことに気づく。 ・自分の一番強いと思う欲求を考えたり、友人はどの欲求が強いかを考えたりすることで、欲求についての理解を深める。 ・欲求は生まれながらに持っており、強い欲求を意識して満たすことで、気分が安定し意欲が湧きやすくなることを知る。 ・ルールを守れば、積極的に欲求を満たすことが、自分のためになり、周りの人にもよい影響を与える。	「欲求の強さについてのアンケート」を配布する。 ワークシートの「２　自分を見つめてみよう」の「基本的欲求」の□のらんに結果を転記する。

(15分)	5　欲求の充足度のアンケート ・自分で５つの欲求を満たすことができているか考えてみる。 ・充足度の目安となるアンケートを実施する。 ・各自が集計して、結果を転記する。 ・各自、満たせている欲求と満たせていない欲求について、アンケート結果をもとに考えてみる。 ・それぞれの欲求で、３以上満たされている人、４以上の人、５の人……と手を挙げ、お互いに分かち合う。 ・５つの欲求は生まれながらに持っており、満たす必要があるが、すべての欲求を満たすには、コツがあると言われている。「どの欲求を満たすと、すべての欲求が満たされやすいか」を考える。 ・「愛・所属」の欲求を満たすためには、愛が伝わる言葉や行動が必要であるが、具体的にどのような言動かを考える。 ・愛が伝わりにくい言動をとること	・「あまり考えすぎずに、アンケートをやってみよう。そのほうが正確に結果が出やすい」と言葉かけをする。 ・アンケートに答えながら、満たされている欲求、満たされていない欲求があることに生徒自身が気づいていく場合が多い。 ・数値は目安であることを伝える。 ・欲求が満たされている人は、よい気分で過ごすことができるので、心が安定し、周りの人も大切にし、意欲的に生活している人が多いことに気づく。 ・自分は欲求を満たしているかどうかを考えてみる。 ・「愛・所属」の欲求から満たしていく。愛し愛されていると感じるときは、「認められている」とも感じることができる。このような心の状態のときには、のびのびとした「自由」な気分で、「楽しい」と感じられる。ストレスも少なく健康（「生存」の欲求）も保ちやすい。 ・生徒の発言から、愛が伝わる肯定的な言動をとることで、すべての欲求が満たされることを５つのカードを指して説明する。 ・生徒の発言から、愛が伝わらない否定的な	「欲求の充足度についてのアンケート」を配布する。 ワークシートの「２　自分を見つめてみよう」の「基本的欲求」の充足度（　）のらんに転記する。

	で、すべての欲求が満たされにくくなることを学ぶ。	言動をとることで、すべての欲求が満たされにくくなることを５つのカードを指して説明する。	
（７分）	**６ 本時のまとめ** ・基本的欲求について、ワークシートの「３ 欲求は満たす必要がある。そのための工夫は？」に記入しながらまとめる。 ・基本的欲求は、誰もが持っている。 ・欲求を満たすときには、ルールがある。 ・すべての欲求を満たすためには、まず「愛・所属」の欲求を満たす。 ・「愛・所属」の欲求を満たす言動を自分からとることが大切であることに気づく。 ・本時で学んだことや感想をワークシートの４のらんに書く。	・ワークシートの３の（　　）の部分を考えることで、まとめとする。 ・人は誰でも５つの基本的欲求を持っていて、満たす必要がある。 ・ルール：人の欲求充足の（じゃま）をしてはいけない。 ・すべての欲求を満たすコツ：まずは（愛・所属）の欲求を満たしておく。 ・「愛・所属」の欲求を満たすコツ：（愛）が伝わる（言葉）や（行動）をとる。 ・例：（批判）をしない・話をよく聞く…。 ・生徒自身が、自己理解を深めることができたかどうかを知る手がかりとする。	本時を振り返って、各自ワークシートの３の（　　）の部分に記入する。 ワークシートの４に感想を記入する。

学習指導案Ａ　ワークシート

自分を知り、自分を輝かせよう

年　　組　　番　氏名

1　予想してみよう　（同じ願いをもっているが、願いの強さは違う）

予想らん

心	「愛・所属」の欲求	愛し愛されたい、仲間の一員でいたい	
	「力（承認）」の欲求	認められたい、達成したい、人の役に立ちたい	
	「自由」の欲求	自分のことは自分で決めたい、強制されたくない	
	「楽しみ」の欲求	自分の好むことをしたい、楽しみたい	
体	「生存」の欲求	食べたい、寝たい、休みたい	

2　自分を見つめてみよう

○△×	基本的な欲求	弱い　←　ふつう　→　強い
	「愛・所属」の欲求の強さ □	1 ・ 2 ・ 3 ・ 4 ・ 5
	充足度（　）	1 ・ 2 ・ 3 ・ 4 ・ 5
	「力（承認）」の欲求の強さ □	1 ・ 2 ・ 3 ・ 4 ・ 5
	充足度（　）	1 ・ 2 ・ 3 ・ 4 ・ 5
	「自由」の欲求の強さ □	1 ・ 2 ・ 3 ・ 4 ・ 5
	充足度（　）	1 ・ 2 ・ 3 ・ 4 ・ 5
	「楽しみ」の欲求の強さ □	1 ・ 2 ・ 3 ・ 4 ・ 5
	充足度（　）	1 ・ 2 ・ 3 ・ 4 ・ 5
	「生存」の欲求の強さ □	1 ・ 2 ・ 3 ・ 4 ・ 5
	充足度（　）	1 ・ 2 ・ 3 ・ 4 ・ 5

3　欲求は満たす必要がある。そのための工夫は？

ルール：人の欲求充足の（　　　　）をしてはいけない。

すべての欲求を満たすコツ：まずは（　　　　）の欲求を満たしておく。

「愛・所属」の欲求を満たすコツ：（　　　）が伝わる（　　　）や（　　）をとる。

例：（　　　）をしない・話をよく聞く・励ます・尊敬する・信頼する・交渉するなど

4　本時の感想

31	ものごとに熱中しやすいタイプです。	
32	笑うことや、お笑い番組は大好きです。	
33	しなければならないことがあっても、楽しいことをつい先にすることがあります。	
34	いろいろなことに幅広く興味があります。	
35	趣味が多いほうだと思います。	
36	人から変だとか、変わっていると思われるぐらいがよいと思います。	
37	生きていくうえで、「遊び」は必要なことだと思っています。	
38	調べ物や実験など、探求することが好きです。	
39	ＣＭや雑誌で見た新商品は、取りあえずチェックしてみたいです。	
40	新しいことを学ぶのは、楽しいことだと感じます。	
41	やったことがないことより、慣れていることをするほうが好きです。	
42	お金は使うよりも、貯めておきたいほうです。	
43	危険を感じることには、できるだけ近寄りたくありません。	
44	安定した人生を歩めたらいいなと思います。	
45	目の前の楽しみよりも、将来の安心のほうが大切だと思います。	
46	健康に気を配った食事や生活をしています。	
47	いま必要なことだけを確実に身につけていきたいと思っています。	
48	適度な運動を心がけています。	
49	初めての場所は迷わないように、行きに通った道を帰ります。	
50	スリルやワクワク感よりも、リラックスできる時間を好みます。	

（31〜40）○の数÷2＝ **楽しみ** □

（41〜50）○の数÷2＝ **生存** □

□の数字をワークシートの□に記入してください。

欲求の強さについてのアンケート

年　組　氏名

「あてはまる」項目に○をつけてください。

1	近所の人に、自分からあいさつするほうです。	
2	一人で遊ぶよりも、誰かと一緒に遊びたいタイプです。	
3	仕事を選ぶとしたら、人と接する仕事を選びます。	
4	人から嫌われないように気をつけています。	
5	困ったときには、一人で考えるより、誰かに相談したいほうです。	
6	初対面の人でも、自分から話しかけることができます。	
7	友達に誘われたら、断ることが苦手です。	
8	他人が苦しんでいるのを見ると、助けてあげたい気持ちになります。	
9	自分の意見より、グループみんなの意見を大切にします。	
10	友人や知人などは多いほうだと思います。	
11	計画したことは実行するタイプです。	
12	自信のないテストは、できれば受験したくありません。	
13	間違いをあまりしないで、完ぺきをめざすほうです。	
14	自分が話題の中心でいられるとうれしいです。	
15	競争するからには、勝ちたい気持ちが強いです。	
16	自分の力や才能を、まわりの人のために使いたいです。	
17	どちらかというと、リーダー役になることが多いです。	
18	夢や目標に向かって、努力したいと思っています。	
19	反対意見を言われると、とても気になるほうです。	
20	人の役に立つことができると、とてもうれしいです。	
21	スケジュールがつまっていると、気持ちが重くなります。	
22	人の意見にはあまり左右されません。	
23	自分のやり方やペースで作業や学習ができるときは楽しいです。	
24	したくないことをさせられるのは、とてもイヤです。	
25	のんびりする時間も大切だと思います。	
26	前もって決められていることをするのは、ムダな感じがします。	
27	自分なりのやり方で課題をこなしたいほうです。	
28	決められたとおりにしなくてはならないときは、苦痛です。	
29	安定した生活よりも自由のある生活のほうが重要だと思います。	
30	深い話のできる友達の数はあまり多いほうではないと思います。	

1〜10：○の数÷２＝　愛・所属 □

11〜20：○の数÷２＝　力（承認） □

21〜30：○の数÷２＝　自由 □

21	１日のうちで、自由に使える時間がある。		○の数＝自由（　）
22	時々は、ゆったりと自由に過ごせる時間を持っている。		
23	やりたいことを、自分のやり方で行動に移すときがある。		
24	やりたくないことをやらされていると感じることは、そう多くない。		
25	いろいろあっても、自分のペースを大切にしている。		
26	１日のうちで、楽しいと感じる時間がある。		○の数＝楽しみ（　）
27	何をして楽しむか、アイディアを持っている。		
28	熱中できるものがある。		
29	楽しく過ごしているとき、さらに楽しくなるように盛り上げている。		
30	趣味や関心のあること、新しい学びなどを積極的にやっている。		
31	自分は心身ともに健康だと思う。		○の数＝生存（　）
32	６時間以上の睡眠はだいたいとれている。		
33	栄養のバランスのよい食事がまあまあできている。		
34	適度な運動をしている。		
35	不安や危険をあまり感じないで、生活している。		

（　）の数字をワークシートの（　）に記入してください。

欲求の充足度についてのアンケート

年　組　氏名

「あてはまる」項目に○をつけてください。

1	クラスには、仲の良い友人がいる。		○の数÷2＝愛・所属（　）
2	友人に、自分の願いや気持ちをだいたい話せる。		
3	先生に、自分の願いや気持ちをだいたい話せる。		
4	先生から大切にされていると感じている。		
5	自分のクラスや学校の中に、自分の居場所があると感じる。		
6	自分のことが好きである。		
7	家庭は温かい場所であり、リラックスできる。		
8	家族に自分の願いや気持ちをだいたい話せる。		
9	家族に大切にされていると感じている。		
10	なんだか幸せだなと感じることが多い。		
11	自分なりの目標を持っている。		○の数÷2＝力（承認）（　）
12	目標に向かって、毎日なんらかの努力をしている。		
13	自分なりにがんばって、できるようになったことが増えてきた。		
14	親や先生から、努力を認めてもらっていると感じる。		
15	難しい問題もすぐにはあきらめないで、粘り強く考えている。		
16	クラスの仲間から、勉強や運動などで認められていることがある。		
17	自分には、磨けば光る才能があると思う。		
18	必要な場面では、提案したり、まとめ役をしたりしている。		
19	人の役に立つことを見つけて、実行していると思う。		
20	自分自身を信じている。		

「自分を知り、自分を輝かせよう」学習指導案B（小学生以上用）

1　**目　標**　子どもたち自身が、自己理解を深め、自己肯定感を育む方法を学ぶ

2　**活動名**　「自分を知り、自分を輝かせよう」～自己肯定感を育むために（ロールプレイを中心に）～

3　**指導観**　学習指導案Aと同様

4　**授業の流れ**

①自分が持っている欲求（５つの基本的欲求）を理解し、気分との関係に気づく。

②「愛・所属」の欲求を満たして、よい気分で過ごすためには、「人間関係を築く習慣」を使うように心がけ、「人間関係を壊す習慣」を使わないようにする。

③実際にロールプレイで、「人間関係を壊す習慣」を使ったときのいやな気分と、「人間関係を築く習慣」を使ったときのよい気分を体験する。

展開例

時間（分）	学習活動と教師のセリフ	展開での観点・留意点	資料等
（２分）	1　本日の活動についての説明する ・「よい気分で毎日を過ごすために、自分の気持ちを大切にしながら、周りの人たちと仲良くする方法を考えてみよう」	・基本的欲求を満たしながら、人間関係を築くコミュニケーションをとっていくことの大切について考える。	ワークシートを配布する。
（３分）	2　アイスブレイク 「セブンジャンケン」 ・席を立って２人組をつくり、セブンジャンケンをする。やり方は、片手の指を何	・楽しく安心感のある雰囲気の中で始めることができるよう配慮する。 ・自己紹介の内容は、名前や住所や所	

	本でも自由に出して、２人で足して７になったら握手し、お互いに自己紹介をする。終わったら次の相手と繰り返す。 ・３分たったら、教師が手を挙げて合図をするので、それが見えたら席につく。	属などの紹介と、好きなものを１つ紹介する（食べ物、したいこと、趣味など)。 ・自分で気がついて、行動することの気持ちよさを味わう。	
(20分)	3　基本的な欲求を知る ・「セブンジャンケンをやってみて、今、どんな気分ですか？」 ・「学校や家で、よい気分を感じるときやうれしいな、楽しいなと感じることは、どんなときですか？　１つ、付箋紙に短い言葉で書いて、黒板に貼ってください」 ・「脳の研究をした医学博士が、人は誰でも５つの願い（欲求）を持っていて、人がよい気分を感じるときは、そのどれかを満たしていると言っています。本当に５つに分類できるでしょうか？　それ以外のものもあるかもしれません。一緒に分けてみましょう」 ・「人は生まれながらに５つの基本的欲求を持っていて、それを満たしたいと願って行動している。すべての欲求を満たすコツがあります。どの欲求も大切ですが、これを満たすと他の欲求も満たしやすくなる欲求は、どれでしょう？」	・体験をもとに、誰にでも「楽しみ」の欲求があることを実感する。 ・自分の生活を振り返って、気分がよいとき（基本的欲求が満たされているとき）は何をしているときか、主体的に考える。 ・ワークシートを読んで、５つの基本的欲求について説明する。 ・付箋紙を分類することで、人には５つの欲求があり、気分がよいときは、欲求を１つ以上満たしていることを理解する。 ・まず、「愛・所属」の欲求を満たすことで、脳は認められていると感じ、そんな心の状態であれば、のびのびと楽しい気分を得やすい。ストレスを感じることが少なく、体調も保ちやすい。	黄色の付箋紙に水性マジックで書く。 黄色の付箋紙を分類する。

	・「いやな気分を感じるときやイライラするとき、悲しいと感じるときは、どんなときですか？　1つ、付箋紙に短い言葉で書いて黒板に貼ってください」 ・「脳の研究をした医学博士が、人がいやな気分を感じるときには、5つの欲求が満たされていないときだと言っています。本当に5つに分類できるでしょうか？　それ以外のものもあるかもしれません。一緒に分けてみましょう」	・自分の生活を振り返って、いやな気分のとき（基本的欲求が満たされていないとき）はどんなときか、主体的に考える。 ・付箋紙を分類することで、人には5つの欲求があり、気分が悪いときは、欲求のどれかが満たされていないことを理解する。 ・欲求が満たされないと気分が悪いことに気づく。	青色の付箋紙に水性マジックで書く。 青色の付箋紙を分類する。
（10分）	**4 「愛・所属」の欲求を満たす方法** ・「誰でも『愛・所属』の欲求を満たしてよい気分で過ごしたいのに、満たせないときは、どんなときでしょう？」 ・例「遊びたい内容が食い違ったとき、どうしますか？　野球がしたい太郎君と、ゲームをしたい次郎君は、仲良く一緒に遊びたいのにけんかになってしまいました。どうしてでしょう？」 ①自分のほうが楽しい遊びだと主張する。 ②相手の選んだほうが楽しくないと主張する。 ③だから自分の意見を通すのは正しいと主張する。 ・その結果、「愛・所属」の欲求が満たさ	・仲良くしたほうが気分がよいことは誰でも知っている。しかし、仲良くできないときがあるのはどうしてかを考える。 ・通常、相手を外側から変えられると考えるので、相手と意見が食い違ったときには、相手を外側から変えようとして、次のように主張しがちである。 ①自分が正しい。 ②相手が間違っている。 ③間違っている相手を正すことは正しい。 人は外側から変えられると考え、相	ワークシートの「2『愛・所属』を満たす言葉と行動とは？」を参照する。

	れず、いやな気分を感じる。 ・「脳の研究をした医学博士は、黄色の付箋紙に書かれたようなよい気分でいることが多い人は、同じことを考え、同じ方法をとっている。青色の付箋紙に書かれたようないやな気分でいることが多い人は、やはり同じことを考え、同じ方法をとっている、と言っています」 ・「では、意見が食い違ったとき、自分の考えを言わずにがまんするのでしょうか？野球がしたい太郎君と、ゲームをしたい次郎君が、仲良く一緒に遊ぶ方法はありませんか？」 ①相手の言い分をじっくり聞く。 ②自分の願いを穏やかに伝える。 ③人それぞれに願いは違うのだから、意見の違いは交渉する。 ・脳は「愛・所属」の欲求を満たすと、よい気分→やる気が出る。	手を変えようとして「人間関係を壊す習慣」を使いがちである。その結果、お互いの欲求が満たされにくく、相手の協力は得られず、脳は不快で、やる気が出ない。結局、夢や願いも手に入りにくい。 ・仲良くできる人は、相手と意見が食い違っても、相手を変えようとはしないで、次のように考える。 ①相手には相手の願いがある。 ②自分には自分の願いがある。 ③人それぞれに願っていることは違う。 人は外側から変えられないと考えているので、相手を変えようとせず、「人間関係を築く習慣」を使っている。その結果、お互いの欲求が満たされ、お互いに協力し合うので、よい気分になり、やる気が出て、結局、自分の夢や願いも手に入りやすい。	ワークシートの「２『愛・所属』を満たす言葉と行動とは？」を参照する。
（10分）	**5　ロールプレイを実際にやってみる** ・２人組をつくって、実際にロールプレイをやってみる。はじめに「人間関係を壊す習慣」を使ってみて、次に「人間関係を築く習慣」を使ってみる。	・ロールプレイを実際にやってみる。はじめに「人間関係を壊す７つの習慣」、つまり「批判する、責める、文句を言う、ガミガミ言う、脅す、	ワークシートの「２『愛・所属』を満たす言葉と行動

	・①話を聞いてもらえない場合を、それぞれ２分ずつ交代してやってみる。②話を聞いてもらえる場合を、それぞれ２分ずつ交代してやってみる。 ・ロールプレイで感じたことを発表する。 ・誰でも大切な人と仲良くして、よい気分を味わいたいと思っているのに、意見が食い違ったときに、自分は正しく、相手は間違っていると考え、相手を正そうとして「人間関係を壊す習慣」を使いがち。しかし、相手には相手の願望があるので、相手を変えることはできない。できるのは情報提供のみであり、良好な人間関係があれば情報を受け入れやすい。	罰する、ほうびで釣る」を使った場合の不快感を体験する。 ・その後「人間関係を築く７つの習慣」、つまり「傾聴する、支援する、励ます、尊敬する、信頼する、受容する、意見の違いについて交渉する」を使った場合の快い気分を体験する。 ・お互いの意見が食い違ったときこそ、「人間関係を築く習慣」を使ってみる。例えば、相手の話をじっくり聞き、自分の意見は穏やかに伝えて交渉し、人間関係の維持改善を図る。	とは？」を参照する。
（５分）	６　本時のまとめ ・ワークシートの３の（　）に記入する。 ・ルール：人の欲求充足の（じゃま）をしてはいけない。 ・すべての欲求を満たすコツ：まずは（愛・所属）の欲求を満たしておく。 ・「愛・所属」の欲求を満たすコツ：（愛）が伝わる（言葉）や（行動）をとる。 ・今日の授業の感想をワークシートの４に書く。 ・感想を発表する。	・「愛・所属」の欲求をはじめとする基本的欲求を満たすことが大切であり、そのためには「人間関係を築く７つの習慣」を使って生活するように心がける。そうすることで、よい気分で過ごすことができる。すると、意欲も湧き、心にゆとりができ、お互いに協力し合う良好な関係を築くことができる。	ワークシートの３に記入する。 ワークシートの４に記入する。

学習指導案Ｂ　ワークシート

自分を知り、自分を輝かせよう

年　　組　　番　氏名

1　誰もが持っている５つの基本的欲求

心	「愛・所属」の欲求	愛し愛されたい、仲間の一員でいたい
	「力（承認）」の欲求	認められたい、達成したい、人の役に立ちたい
	「自由」の欲求	自分のことは自分で決めたい、強制されたくない
	「楽しみ」の欲求	自分の好むことをしたい、楽しみたい
体	「生存」の欲求	食べたい、寝たい、休みたい

2　「愛・所属」を満たす言葉と行動とは？

ロールプレイ①　→　ロールプレイ②

1 批判《ひはん》する　　1 傾聴《けいちょう》する
2 責《せ》める　　2 支援《しえん》する
3 文句《もんく》を言う　　3 励《はげ》ます
4 ガミガミ言う　→　4 尊敬《そんけい》する
5 脅《おど》す　　5 信頼《しんらい》する
6 罰《ばっ》する　　6 受容《じゅよう》する
7 ほうびで釣《つ》る　　7 意見の違いについて交渉《こうしょう》する

＊自分と相手の意見が食い違ったとき

人は変えられる　→　自分以外の人は変えられない
自分は正しい、相手は間違っている　→　それぞれの願望は違う
自分の願望に固執する　→　まずは願望よりも人間関係を優先

3　基本的欲求は満たす必要がある。そのための工夫は？

ルール：人の欲求充足の（　　　　）をしてはいけない。
すべての欲求を満たすコツ：まずは（　　　　）の欲求を満たしておく。
「愛・所属」の欲求を満たすコツ：（　　　）が伝わる（　　　）や（　　）をとる。

4　本時の感想

4

担任が学級で選択理論を活かす

仲間と一緒に選択理論を学ぶ

私は、体調不良を訴える子、友人とのトラブルから教室へ入りづらくなって保健室へ駆け込んでくる子への対応に追われ、保健室で苦戦していた時期がありました。しかし選択理論を学んで、認め励ます対応をとり続けることで、その子の良い面を引き出せることが多くなり、保健室の状況は好転していきました。「保健室へ送った子が、うれしそうな顔で教室へ帰ってきますね。何か魔法でも使っているのですか?」という担任からのうれしい言葉が今でも思い出されます。

そんな保健室の変化に気づいた同僚教師数名から、選択理論を学んでみたいという声がかかり、校長の理解、参加も得られて、西予市での講座が始まりました。学びの仲間と協力して、選択理論の上級講師・柿谷寿美江先生をはじめ様々な講師を招き、保護者や地域の方々向けの講演会も数多く開催してきました。参加者の「自分のストレスが減った」という感想がうれしいです。

選択理論を担任が学級で使う効果に驚いたことがあります。その学級の欠席が減り、悩みや体調不良を訴えて保健室へ来る子がほとんどいなくなったのです。教師が意識して信頼関係を築くことで、子どもたちは安心感や主体性や自信を持ち、心身の健康に多大な影響を与えることを実感しました。

以下に、学びの仲間である小学校教諭の三好敦子先生に学級での選択理論の活用についてレポートをお願いしました。実は彼女が前任校を去る日、小学六年生で担任した、当時中学三年になっていた子どもたち全員が母校に集合し、「旅立ちの日に」を歌って彼女を見送ったというエピソードがあります（これは彼女には口止めされていましたが、読者の皆さんにはぜひお伝えしたかったので……）。

〈実践レポート〉

担任として「人間関係を築く七つの習慣」でかかわる

三好　敦了

選択理論に出合ったとき、一生懸命に指導をしていても、何か子どもとの間に距離を感じていた私にとって、人間関係をよくしていくことを基本としたこの方法に、大変興味を持ちました。もし、これを学級担任として実践したら、学級の人間関係（教師と子ども、子ども同士）が良好になり、個々の能力も伸びるのではないか、という期待感を持って選択理論を学び始めました。

子どもたちの自己イメージ・自己肯定感調査で「教師に自分の気持ちを話しにくい」と感じている子が半数近くいました。そこで、まず取り組んだのは、私自身が「批判する」「責める」「文句を言う」「ガミガミ言う」「脅す」「罰する」「ほうびで釣る」といった「**人間関係を壊す七つの習慣**」を**使わない**決心をしました。代わりに「傾聴する」「支援する」「励ます」「尊敬する」「信頼する」「受容する」「意見の違いについて交渉する」といった**「人間関係を築く七つの習慣」を使う**と決心しました。

　習慣を変えることは一朝一夕にできることではありませんが、今までと同じ対応を繰り返していては変化は起きません。意識して子どもの望ましい行動を見つけ、認める声をかけることを習慣にしていきました。時には家庭へも連絡し、保護者からも肯定的な声かけをしていただきました。一歩一歩、子どもとの距離が近づくのを感じました。

　望ましくない行動は、自己評価できるよう情報提供をしたり、質問をしたりします。廊下を走る子には「廊下は歩きましょう」とおだやかな声で伝えたり、授業中、私語を始めたときには「今、騒ぐことはどう?」と自己評価をうながしたりします。作業に協力しない場面では「今作業する？　それとも放課後、先生とする?」と言うこともあります。

　選択理論では、「人の動機づけは内側から」と考えています。**子ども自らが適切な自己評価をし、責任ある行動を選択できるようにならなければ、いくら他人が外側から変えようとしても変わりません。**このとき、声の調子と表情には十分気をつけ、子どもが自己評価しやすいように配慮しています。同じ言葉でも、声と表情が変われば、伝わるものはまったく違います。日頃から笑顔で接することの大切さを痛感しています。

　ガミガミと指導することから、「人間関係を築く七つの習慣」を使っての指導に変え、私自身がとても楽に指導できるようになりました。ガミガミ言わなくても、正しく伝われば、子どもは望ましい行動を選びます。一番楽になったのは、ガミガミ指導する担任から解放された、子どもたちかもしれません。

【学級活動での実践――友達と仲良くする方法を考えよう】

学級活動では、「友達と仲良くする方法を考えよう」「楽しい毎日にするために」というテーマで、数回に分けて、人間関係をよくする方法の学習を行いました。この学習は、担任した学級で行うようにしています。ここでは、「友達と仲良くする方法を考えよう」を紹介したいと思います。

まず、後掲のワークシートを配り、「**あなたは、みんなと仲良くできていますか？**」と投げかけ、自己評価をうながします。ほとんどの子どもが、うまくいかなかった経験を持っています（「仲良くできている」と自己評価した子どもも、本当は「うまくできない自分をなんとかしたい」という願望を持っていることが多いようです）。そこで、「仲良くできなくなるのはどんなとき？」について考えてみます。子どもたちは「責められたとき」『自分勝手なとき」「すねたとき」「文句を言われたとき」「無視されたとき」「人の気持ちを考えないとき」など、自分がしたことやされたことでうまくいかなかった経験を振り返ります。まさに、「人間関係を壊す七つの習慣」が出てきます。

次に「**友達になりたい人はどんな人？**」について考えます。「励ましてくれる人」「助けてくれる人」「明るい人」「やさしい人」「遊んでくれる人」「相談にのってくれる人」などがあがります。これは「人間関係を築く七つの習慣」です。

子どもたちには理解しやすいように、「人間関係を壊す七つの習慣」を「**人がはなれる五つの行動**」（ひはんする、せめる、文句を言う、むしする、たたく・ける）、「人間関係を築く七つの習慣」を「**人と仲良くなれる五つの行動**」（話をよく聞く、助ける、はげます、信じる、受け入れる）と要点を絞って教えます。

子どもたちは、友達と仲良くなれないのは自分が「人と離れる行動をとっている」こと、友達と仲良くできているのは自分が「人と仲良くなれる行動をとっていること」に気づいていきます。そして、「**自分はどちらの行動をとっているのか」しっかりと自己評価を促します。どちらの行動をとるかを選ぶのはあくまでも「自分」であり、行動を変えられるのも「自分」です。**

> **＜他人＞と＜過去＞は、変えられない。**
> **＜未来＞と自分の＜行動＞は、変えられる。**

「**自分がよい行動を選べば、自分の未来は変えられること」に気づくと希望がわいてきます。これが、まさに、選択理論で言う「動機は内側から」です。**この学習では子どもたちに、次のような気づきがありました。教師から見たら、「人が離れる行動」をよくとっている子どもの気づきです。

- 人と仲良くなる方法や、どうして人が離れていくのかがわかりました。これからは人と仲良くなれる行動をたくさんとりたい。
- いいことは自分から進んでやって、悪いことは今から直せるようにする。人に「ありがとう」と言われるような行動をしたい。
- 人を批判せずに、みんなと楽しい生活を送るようにしたい。

友達と仲良くする方法を考えよう

名前

☆あなたは、みんなと仲良くできていますか？

友達になりたい人はどんな人？

仲良くできなくなるのはどんなとき？

自分は正しい。相手は間違っている。

人と仲良くなれる行動をとっている

人がはなれる行動をとっている

あなたはどちらの行動をとっていますか？

＜人と仲良くなれる５つの行動＞

○話をよく聞く
○助ける
○はげます
○信じる
○受け入れる

変えよう

＜人がはなれる５つの行動＞

●ひはんする
●せめる
●文句を言う
●むしする
●たたく・ける

（　　　　　）と（　　　　　）は、変えられない。
（　　　　　）と　自分の（　　　　　）は、変えられる。

よい行動を選んで、友達と仲良く、楽しい毎日しよう！

選ぶのはあなたです！

学習を終えて

この学習をしたからと言って、すぐにクラスから問題がなくなるわけではありません。人と仲良くなる方法があることを知っておくことが大事だと思います。子どもたちの間でトラブルが起きたとき、「今、どっちの行動をとった?」と自己評価の機会にしています。すると子どもは、自分の行動の選択ミスに気づくことができます。この気づきが大切なのです。

友達関係で悩む子どもたちに、「人と仲良くなれる行動」を自分で選んで実践し、よりよい人間関係が築ける人になってほしいと願っています。何よりも、よりよい人間関係の築き方のモデルは教師である、といつも自分に言い聞かせつつ。

5

特別支援教育に選択理論を活かす

特別支援教育にも選択理論を活用することができます。そこで、学びの仲間であり、小学校の特別支援学級を担任している櫻田智美先生に、特別支援教育での選択理論の活用についてレポートをお願いしました。

彼女は毎日たくさんの子どもに、笑顔を向けて、認め励ます声かけを続けています。彼女の周りでは、いつの間にか子どもたちも保護者も笑顔になっています。

〈実践レポート〉

特別支援学級担任としてできること・特別支援学級担任だからできること

櫻田　智美

担任する子から自己肯定感をプレゼントされ

私は通常の学級担任の経験が一〇年、特別支援学級を担任して、このレポートの時点で五年目になります。特別支援教育や選択理論との出合いで、私自身が大きく変わりました。

選択理論では、**人は五つの基本的欲求**（「愛・所属」の欲求、「力（承認）」の欲求、「自由」の欲求、「楽しみ」の欲求、「生存」の欲求）**を満たそうとして行動し、基本的欲求が満たされていれば気分がよく、満たされていなければ不快に感じる**とされます。

私は、子どもたちが学校で気分よく過ごせるよう、子どもの基本的欲求を満たすお手伝いをすることを心がけています。特に、「愛・所属」の欲求と「力（承認）」の欲求が満たされ、『愛されている」「認められている」ことが子どもに伝わるような声かけをしたいと意識して実践してきました。そうしているうちに、子どもの「いいとこ見つけ」が習慣になり、声かけも自然にできるようになりました。むしろ今では、それをしないと気持ちが悪い感じさえします。

私が受け持っているＥ子（小学二年生）の毎日は、とても輝いています。日々、できることが増え、できにくいことにも一生懸命取り組む姿に、私が励まされています。

E子の「いいとこ見つけ」を続けていくことで、私はE子をまるごと受け入れ、素敵だと思うようになりました。それに伴って、私自身を受け入れ、自分をどんどん好きになっていきました。

私は、担任している子から自己肯定感をプレゼントしてもらったのだと思います。そして、私はできるだけたくさんの子どもたちに、私のように「自分を受け入れ、自分を好きになってほしい」と強く思うようになりました。

交流学習でE子も交流学級の児童も欲求充足

E子と一緒に交流学級で授業を受けたり給食を食べたりする「交流学習」は、E子が大きく成長するために大切な活動です。子ども同士の交流を充実させるために、「**傾聴する**」「**支援する**」「**励ます**」「**尊敬する**」「**信頼する**」「**受容する**」「**意見の違いについて交渉する**」といった「**人間関係を築く七つの習慣**」**を使ってかかわっています**。

ほんの少しでもE子のことを考えた言動や、みんなのための自主的な行いなどがあったら、その場で「うれしいな」「すごいなあ」「ありがとう」のメッセージを伝えます。後でゆっくり認めようと考えると、ついうっかり伝えることを忘れたり、具体性に欠けたりしがちです。「その子に」「その場で」認め励ます声かけをして、欲求充足のお手伝いをしたいと思っています。「**機を逸した五分の説話より、機をとらえた二秒の声かけ**」を心がけています。

また定期的に、それらの素敵な言動を交流学級の児童みんなの前で披露する時間をいただいています。そのときにE子の成長も伝え、喜びを分かち合うとともに、「E子が成長したのは、本人の努力はもちろんだけれど、みんなの協力があったからだ」ということを必ず伝えます。素敵な言動を紹介された子は何とも言えない笑顔になり、他の子どもたちもニコニコ拍手をしています。そして、その素敵な言動が学級全体に広がっていくのです。

交流学級の担任になった先生がこんなことを言っていました。

「あの子たちは、友達のことを、『○○さんは、△△は苦手でも、◎◎みたいないいとこがあるもんなあ』と、必ず言えるよなあ」

担任の先生のご指導があることはもちろんですが、E子と交流を重ねることで、子どもたちに「相手をまるごと受け入れる」「相手のいいところを見つける」という習慣が育っていることは本当にうれしいことです。

交流学級で「自分で考える力」を育てるお手伝い

もう一つ、交流学級で心がけていることがあります。それは、子どもたちが「自分で考える力」を育てるお手伝いをすることです。ただ、これには十分な注意が必要です。信念を持って学級経営をされている担任の先生の「力（承認）の欲求」を大切にしながら、あくまでも「お手伝いをする」という姿勢を忘れないことです。ここでは「こんなときなら、お手伝いOKかな」と思って実行している例を紹介します。

〈例1〉「どうしたらいいと思う?」は魔法の言葉

始業時間になりましたが、担任の先生は急な用事で来るのが遅れています。みんなざわざわ勝手におしゃべりをしています。そんなとき私は、**子どもたちに「どうしたらいいと思う?」と聞きます。**

人には「自由」の欲求があります。強制されないで、自分で自分の行動を選びたいという願いを持っています。人は自分で選ぶと責任を持ちますし、やる気にスイッチも入ります。

子どもたちに「どうしたらいいと思う?」と聞くと、「教科書を読んだらいい」「観察カードの続きを書く」など、自分で考えて行動に移す子が出てきます。それらの子どもたちを「すごいね」と認めると、他の子どもたちも次々と、「これをしたらいい」と思うことを始めていきます(ただし、「自由」の欲求は、責任ある行動——他の子の欲求充足を邪魔しないことが条件です。友達の邪魔をするような行動を始めた場合、「今、あなたのしていることはどう?」と自己評価しやすいよう声をかけます。すると、ほとんどの子どもが自分から気づいて行動を改めます)。

次々に自分で考え行動に移していく子どもたちを認め、励ましていくと、「静かにしなさい!」と怒鳴らなくても、教室が「自ら学習しよう」という雰囲気で満たされるのです。私が担任しているE子も、大騒ぎするみんなの声に耳をふさぐこともなく、静かに待つみんなの姿をよい手本として、落ち着いて待つことができます。素晴らしいことには、その後、担任の先生が遅れたときに、「どうしたらいいと思う?」と聞かなくても、「自分で考えて」活動できる子が確実に増えているのです。

〈例２〉「いい人を言います」

担任の先生がいなくてみんながざわざわしているときに、前に出た日直が困っている姿をよく見かけます。「静かにしてください」と叫んでもなかなか静かになりません。

そんなとき、**私はそっと日直の二人に近づいて耳打ちをします。「『いい人を言います』って言ってみて」と。**

そして日直がその言葉を言うと、みんな不思議なことにピッといい姿勢になります。これは特に低学年の子どもに有効です。「いい人」という基準は日直に任せます。背筋の伸ばし方であったり、視線であったりと、基準は様々です。**子どもたちは名前を呼ばれたいので、「いい自分」というイメージを必死で考え実践します。そして、名前を呼ばれてにっこり満足するのです。**何人か名前を呼んでいくうちに教室は静かになり、次の活動に移る準備が整うのです。

ある日、ざわざわした教室の前に出た日直が、二人で相談して「いい人を言います」と言ったことがありました。しばらくして教室は静かになりました。後で二人に「どうして『いい人を言います』って言ったの？」と聞いてみると、「だって、『静かにしてください！』って言うより、早く静かになるもん」という答えが返ってきました。私は、いいと思うことを選んで実行できる二人に感心しました。

全校児童を特別支援学級に招待して

私は、特別支援学級児童との交流や啓発を通して、お互いを認め励ます活動を全校へ広げたいと思うようになりました。

E子の歩みや今頑張っていること、配慮してほしいことなどを、折に触れ全校児童に伝えるようにしています。そして一学期末に、各学級の道徳の時間を三〇分～一時間いただき、一学級ずつ特別支援学級に招待して話をしました。

きっかけは、学校の梅の大豊作です。E子と一緒に汗だくになって収穫し、梅シロップづくりをしました。梅シロップをつくりながら「上手にできたら、全校のみんなにジュースを配りたいねえ」と話し合っていたのです。三週間後、無事に（と言うか大量に）できた梅シロップを見て、「よし」と今回の活動を思いつきました。

内容は、まずE子の成長につれ現れてきたE子の素晴らしい優しさを、いくつかのエピソードで紹介します。そして、かかわってくれるみんなに「ありがとう」「これからもよろしく」の気持ちを伝えるものです。

どの学級も、話を聞くときの子どもたちの真剣な瞳が心に残りました。最後に「ありがとう」の気持ちがいっぱい詰まった梅ジュースを振る舞うと、飲んだみんなが、ほっこり笑顔になりました。

誰もがみんな、特別な支援を待っている

特別支援学級を受け持ち、E子とともに子どもたちの中で過ごす時間が多くなりました。そして、その場その場で、「機をとらえた一秒の認め励ます声かけ」を重ねていきました。

そうすると全校の一人一人の子どもがよく見えるようになりました。そして、思うことがあり

ます。通常では特別な支援が必要ないとされる子どもたちでも「自分一人だけへの特別な支援」を待っているということです。つまり、「**すべての子どもが、自分一人だけへの特別な声かけを待っている**のです。

朝、出会う子どもたちは、いろいろな表情をしています。今日起きるであろう出来事に胸をふくらませ、瞳を輝かせている子もいれば、一方、家庭で「早くしなさい！」と叱られたのでしょうか、うつむき加減の子もいます。

そこで始めたことは、**朝、とにかく出会った子どもに「笑顔であいさつ」、そして「いいところを二秒で伝える」**ということです。これは教師としては当たり前のことかもしれませんが、実際にやり続けるには努力がいることでした。例えば、「おはようございます。あっ、今日もいいあいさつね」というふうに、返してくれる挨拶でも、着ている服でも、散髪した髪型でも、何でも「いいな」と感じたことを言葉にして笑顔で伝えました。

「あなたはここがいいのよ」というメッセージを伝えると、伝えられた子は「自分は見てもらっている」「認められている」という気持ちになり、ほわっと顔がほころびます。ほんの短い一言で、子どもたちが少し笑顔になり、少しいい気持ちで一日のスタートを切るお手伝いができるのです。そして、そんな子どもたちの様子を見て私自身も幸せを感じます。

「意見の違いについて交渉する」——子どもが自己評価・自己選択できるような支援を

子どもを指導する際、「意見の違いについて交渉する」という姿勢で臨み、子どもが自己評価・

自己選択できるような支援を心がけています。

例えば、掃除に真面目に取り組みにくい子に声かけをする際、活動の平等性を伝えた後、「じゃあ、今みんなと掃除をする？　それとも後で先生とする？」と聞くと、今まですべての子が「今、みんなとする」を選びました。そして、**自分で選ぶことで、自分の行動に責任を持つようになっていく**のです。

また、昨日と違うよい行動を見逃さずに、そのことを認める声かけをしていきます。「雑巾をきれいに片づけてくれてありがとう」の一言で、次の日にもその子はきちんと片づけができ、他の子がまねをします。また一言かけると、周りにかかっている雑巾まで整えてくれる子が現れるのです。

「人間関係を壊す七つの習慣」を使わない――「自分の頭を他人に預ける子ども」にしないために

大声で叱って、脅して、その場を静かにすることは即効性がありますが、その場限りで終わることも少なくありません。

振り返ってみると、**親や教師は子どもによかれと思って、「批判する」「責める」「文句を言う」「ガミガミ言う」「脅す」「罰する」「ほうびで釣る」といった「人間関係を壊す七つの習慣」を使いがちです。**それらを続けていると、子どもは自ら考えることをやめ、親や教師の指示を待ったり、大人の考えに合わせようとしたり、他人の顔色をうかがったりする傾向が強くなると感じています。「**自分の頭を他人に預ける子ども**」を育てることにもなりかねません。

遠回りのようですが、一人一人の子どもたちを「どうしたらいいか？」と考えることができる子どもに育てることが、結果的に子どもたちが笑顔で過ごせる学級づくりやスムーズな学習活動への近道になるように思います。その力と習慣は小さなころから育てることも大切で有効に思えます。

そのために私は、**子どもたちに「よりよい選択肢」を提示できる身近な大人の一人でありたい**と思っています。自ら判断し、選択し、責任ある人生を歩むために、年齢に応じた練習をすることは、未来を生きる子どもたちへの何よりのプレゼントだと思っています。

螺旋状の成長

「いいとこ見つけ」をして「二秒の声かけ」を重ねることで、たくさんの子どもたちと私との人間関係がよくなっていきました。すると、特別支援学級経営も自然体で充実したものになっていきました。全校の子どもたちから、E子への声かけや働きかけが増えてきたのです。E子は、様々な子どもとかかわる中で、言葉を覚え、自分で考えて対応したり答えたりすることができるようになってきました。コミュニケーションがとれるようになってきたことで、E子のストレスはぐんと減りました。

その成長と成果を子どもたちに伝え、お礼を言うと、子どもたちはまた、自分で考えてE子にかかわるのです。

こうやって、子どもたちはお互いに螺旋状に絡み合い、高め合いながら上へ上へと成長していくのです。その中に私が邪魔をしないように入り、日々みんなの（そして私の）心を満たす支援に努めています。

みんな、みんな、認めてもらいたい――「力（承認）」の欲求を満たすお手伝いができる大人でありたい

子どもたちは、みんな、みんな、認めてもらいたいと願っています。ということは、認める立場の人が多ければ多いほど、子どもたちの気持ちが満たされるということです。学級担任や私のような特別支援学級の担任、専科担任、養護教諭、すべての教職員が「一人一人の子どもを認める」視点を持つ。そして、自ら考えることができる子どもが増えることで、学級・学校全体の子どもたちがお互いを認め合える存在になれば、子どもたち一人一人はもっともっと満たされ、学校そのものが、基本的欲求を充足する場になっていくはずです。

私は特別支援学級担任として、これからも選択理論を生かして、みんなが認め合い、心が満たされるよう、私らしい、私なりの、そして私にしかできないかかわりを考え、実践していきたいと思っています。

櫻田智美先生のレポートを読んで、「老人が嬰児を抱けり。されど、嬰児が老人を抱けり」という言葉を思い出しました。普段は通常の学級のみんなに支えられているように思える特別支援学級ですが、実際は通常の学級も特別支援学級にたくさん支えられ励まされていると感じます。

レポートに出てきた、**「機をとらえた二秒の声かけ」**は、すぐに試せる方法ですので、ぜひお試しください。

6 問題を抱えた子を選択理論で支える――不登校を中心に

学校の状況と選択理論の活用

三瓶中学校は、平成八年頃から不登校・保健室登校の生徒が目立つようになり、欠席が多いことに悩んできました。『欠席の研究』（長岡貞利、ほんの森出版）によれば、「学校の荒れは、欠席率が二％を超えると表面化する」と述べられています。本校では、平成一五年度には四％に達していました。

平成一七年に赴任した私は、自分に何ができるかを考えて、まずはすべての生徒に対して、**「人間関係を壊す七つの習慣」**（**批判する、責める、文句を言う、ガミガミ言う、脅す、罰する、ほうびで釣る**）を使わないようにし、**「人間関係を築く七つの習慣」**（**傾聴する、支援する、励ます、尊敬する、信頼する、受容する、意見の違いについて交渉する**）で接することを決心しました。これは以前、アメリカのグラッサー・クオリティ・スクールを視察して、**「教師同士の信頼関係および教師と生徒の信頼関係の大切さ」**を痛感したからです。

「人間関係を築く七つの習慣」を使った選択理論的なかかわりを積み重ねていくことで、保健室を訪れた生徒の心に、「認められている」「この学校の一員である」という気持ちが育まれてきたように思います。特に、気分の落ち込みやすい生徒や不登校、保健室登校など、問題を抱えた生徒が元気を取り戻して、希望を育んでいく事例が多く見られるようになりました。

そのことを先生方に報告したところ、全職員でチームを組んで、生徒の所属感や自己肯定感を高めようという取り組みにつながっていきました。全職員が協力して、意識的に生徒を認め励ます機会を増やしたことは、確実に生徒の表情、意欲に変化をもたらしました。それは、欠席率にも表れ、平成一九年度には一・二％に下がりました。

ここでは、症状や問題を抱えた生徒に対して、選択理論をどのように用いたかについて紹介します。

症状や問題を抱えた子どもの理解

保健室で出会う子どもたちの様々な症状から、私は心と体が深くつながっていることを実感しました。学校へ行く時間になると熱を出す、競技大会や試験の前にお腹が痛くなる、儀式の直前に頭が痛くなる等、例を挙げればきりがありません。しかし、それらは病院で検査を受けても異常がないことがほとんどです。選択理論では、これらの症状は、基本的欲求が満たされていないとき、脳が不快感を強く感じることによって、身体症状をつくりだす場合があると説明しています。

選択理論では、人は基本的欲求を満たして良い気分を得るために行動すると考えます。基本的欲求には、「愛・所属」「力（承認）」「自由」「楽しみ」「生存」の五つの欲求があります。なかでも「愛・所属」の欲求が満たされることで良い気分になり、さらに脳はより良い方向に創造性を発揮して、すべての基本的欲求も満たされやすくなります。

一方、**基本的欲求が満たされていない場合は、気分が不快で何かせずにはいられない気持ちになり、脳はマイナス方向の創造性を発揮しやすくなります。特に「愛・所属」の欲求が満たされていないと、自分の欲求充足のために、他人の欲求充足の妨げになる対処方法や、手っ取り早い対処方法を取ってしまいがちです。**非行、暴力、犯罪、殺人、落ち込み行動、うつ行動、自傷行為、自殺などを選ぶ人もいます。**どんな行動であれ、その時点では、その人が最善だと考えた行動です。**

ですから、選択理論では、自分の基本的欲求を満たすことを自分自身の責任と考えています。グラッサー博士は、「**基本的欲求を充足することが、問題行動やストレスからくる様々な症状の予防と解決につながる**」と述べています。

不登校から保健室登校への道のり

具体的な取り組みを紹介します。

不登校の生徒に、私は「待っているよ」という気持ちを伝える窓口になるよう努めました。教師や友人のあたたかい言葉、学校行事や学級の様子、前向きな気持ちになれそうな話題などを、メールや手紙、家庭訪問など、その子が好む方法で伝え続けました。人は、自分以外の人を動かすことができません。できるのは情報提供のみです。「大切に思っているよ」という気持ちを伝えたり、長所を見逃さず積極的に表現したりしました。

最初の一、二か月は反応がありませんでしたが、「愛・所属」の欲求を満たすと人は元気を取り戻すと信じてかかわり続けました。そうすると、「保健室までなら行けそう」という気持ちになってくる生徒が出てきて、保健室登校が可能になります。

担任教師はもとより、「中一ギャップ」対策の職員が配属され、選択理論の情報を共有した協力体制ができあがり、とても心丈夫です。

保健室登校の開始と実際

保健室登校を始めるときには、親も子も大きな不安を抱えています。そんなとき、校長先生が、緊張している親子をユーモアたっぷりに迎え入れ、校長室で安心感を提供してくださいます。また、生徒指導主事が中心となってケース会議を持って事例の理解を深め、共通理解を図って、先生方もそれぞれの立場から愛情深くかかわってくださいます。

保健室では、引き続き、認め励ますといった「人間関係を築く七つの習慣」を使って、「愛・所属」の欲求を満たすかかわりを重ねていきます。最初のうちは生徒の反応は乏しいのですが、続けていると、活動の意欲が芽生えてくるようです。時折、**生徒自身に、自分の上質世界**（**願望**）**を描いてもらう**ために、「好きなこと」「得意なこと」「役立つこと」「やってみたいこと」「保健室でできそうなこと」などを質問してみます。やりたいことが見つかった場合は、その分野に長じた同僚教師や友人知人の協力を得て、行動に移すお手伝いをしていきます。

歌手になりたいＦ子の事例

Ｆ子は、友達の目線や何気ない一言で深く傷ついて、気分が激しく落ち込み、欠席したり保健室登校をしたりしていました。客観的に見ると、Ｆ子は、自分から友人を避けるような行動を多く取っているようでした。まずは、「勇気を出して学校に来たこと」を毎日、認め励ましました。すると、自分の取っている行動に対して、少しずつ自己評価もできるようになりました。

上質世界（願望）を聞いても「何もやる気がしない」と言っていたＦ子でしたが、ある日、「歌手になりたい」と恥ずかしそうに言いました。そこで、地元の歌手の方にお願いして保健室へ来ていただきました。その方は「すぐに歌手になるのは難しいけれど、今からでもできることは、発声練習や腹筋、背筋を鍛えること。そして、会った人に挨拶をすることはとても大切」という話をしてくださいました。日常生活の中で目標ができたことで、人の目が以前ほどには気にならなくなったようです。

「歌手になれたら、何が得られる？」と尋ねると、「みんなに自分の歌を聞いてもらえる」と答えたので、「文化祭で歌うこと」を考えつきました。文化祭ではハリのある美しい歌声を周りから認められたことで自信ができ、高校受験に対しても意欲を持ち始め、教室へ復帰することができました。

イラストレーターをめざすG子の事例

G子は、せっかく保健室まで来ても、「学校に来るのが精一杯。休養させて」と訴えてベッドで休養したがり、起きているときも何もしようとしたがらない子でした。それでも、起きているときは、メモ用紙にイラストを描くこともありました。そのイラストにハッとして、「犬のイラストがかわいいね。上手だね」と私自身の感じたことを肯定的な言葉で伝え、上質世界（願望）を聞く質問を続けました。そのうちG子はだんだんとベッドで寝ている時間よりも、イラストや絵を描く時間が長くなり、イラストも上達していきました。心癒されるだけでなく生命力も感じられる作風に、担任や友達も驚き、保健室での会話も広がっていきました。

その後、G子はイラストレーターになりたいという夢を持って、高校に通いながらイラストレーター通信講座も修了しました。愛らしく繊細な作品が好評で、地元の「みかめ海の駅潮彩館」の看板や旗、のぼりにも採用されて、町おこしにも一役かっています。ハンカチや文具など商品化されたものもあります。お客さんの中には、G子の描いた旗の前で涙を流していた人がいたそうです。それほどG子の感受性は鋭く柔らかく優しく繊細なのでしょう。

「基本的欲求」の充足は、人を強く優しくする

保健室登校の生徒には、保健室での活動と並行して、教室復帰の計画を生徒と相談しながら立

てていきます。保健室で学級担任と日常会話を楽しんだり、仲の良かった友達とも一人ずつ、再び人間関係を築いたりしていきました。保健室での個別の授業を一部実施して、教科担任との人間関係づくりも行いました。学級担任、友達、教科担任との関係を築くことで、それまでの彼らの教室のイメージが少しずつ柔らかいものに変化していきます。

しかし、いざ教室へ行こうとすると、足がすくんで動けなくなる子もいます。そんなときは、表面の現象に注目するのではなく、「保健室に来られるようになっただけでも、勇気があると思う」と、今できていることに目を向けて励ましました。一日教室で過ごすという目標を立てても、苦しくなって戻ってきたときには、「一時間も頑張れたのはすごいよ」とできた部分に着目して声かけをしました。計画が失敗に終わったと嘆く生徒には、「挑戦したことが素晴らしい。あきらめなければきっとできるよ」と励ましました。

私は、選択理論に支えられて、問題を抱えた生徒たちの「愛・所属」の欲求を満たすお手伝いを根気強くできるように変わっていきました。そして、だんだんと彼らは強くなり、周りを思いやる心の余裕もできてきました。彼らの変容ぶりを見て、「愛・所属」の欲求をはじめとする基本的欲求を満たすことの重要性を私は再確認しました。子どもが家庭や学校で「愛・所属」の欲求を満たすことができれば、多くの問題は予防できるのです。

やってみよう！　選択理論

子どもたちに「人間関係を築く七つの習慣」で接しながら、上質世界（願望）を描いてもらうための質問（「好きなこと」「得意なこと」「役立つこと」「やってみたいこと」「できそうなこと」などを尋ねる）をしてみませんか。
子どもは、自分が発案・提案したことに対しては、驚くほどの意欲と集中力を持って取り組み、楽しみながら自信を育んでいきます。

7 アンケート調査で選択理論を検証する

選択理論を検証する

ウイリアム・グラッサー博士は、「彼らが人生から落伍しかけている原因は、学校で学ぶべきことを学んでこなかったからだ」と考え、**「社会に出る前に、大切な人と仲良くしながら、自分の願望も大切にして生きる方法」**を学べば、現在、社会で起きている問題――依存症、暴力、虐待、犯罪など、どんな問題でも予防できると述べています。**特に子どもの場合、良好な親子関係、教師と児童生徒との良好な関係があれば、問題行動のほとんどを防ぐことができると明言しています。**

本当に博士の主張するとおり、身近で重要な大人との関係が良好であれば、子どもは問題を起こさず意欲を育んでいけるものなのでしょうか。

三瓶中学校では、自己イメージや自己肯定感、欲求充足に関する一八項目からなるアンケート

（一〇二ページ参照）を行っています。結果の一部を紹介します（平成一八年度・生徒数一九四人）。

子どもから見て「家族や先生から大切にされていない」と答えた生徒は、年間六日以上欠席することが多く（「大切にされている」と答えた生徒の二・五倍）、保健室で休養したり相談したりした回数も年間一〇回を超えることが多いようです（同三・五倍）。また、彼らは「自分にはよいところがない」と感じる傾向が強く（同二・〇倍）、学習面でも配慮を要することが多いようです（同二・二倍）。生徒指導上の問題を抱えている生徒が三〇％もいました。

ところが、**「家族や先生から大切にされている」と答えた生徒には、一人も問題行動が見られませんでした。**長年、保護司を務めた方の「いまだかつて、幸せないじめっ子を見たことがない」という言葉が胸に迫ります。私はこの調査結果から「子どもはみんな大人から認められることを切望している」ということをあらためて心に刻み、「生徒たちの良好な人間関係づくりのお手伝いをする」ことを強く心に誓いました。

アンケート実施前の校内研修

アンケートについて、もう少し詳しく解説していきます。

本校ではアンケート実施前に、研修主任と協力して、自己肯定感に関する研修と欲求充足（選択理論をベースにした）に関する校内研修を行っています。

アンケートの目的は、あくまでも「子ども自身が、自分や周りをどのようにとらえているか」

を知ることです。そして、「その子がそのように感じていることが、その子の行動に影響を与えている」と解釈して子どもとかかわることを、研修の中で共通理解していきます。

ほとんどの親や教師は子どもを愛し、大切な存在として育んでいるにもかかわらず、「家族や先生から大切にされていない」と感じていたり、「家族や先生に自分の気持ちを話せない」と答えたりする子どもが多いのです。ですから、アンケートの前に、自己肯定感や欲求充足に関する研修や、アンケートの主旨について研修することはとても重要です。

アンケート実施時には、教師から「このアンケートは先生たちの勉強のために行うこと」「アンケートの回答内容で不利益を受けることはないこと」「秘密は守られること」を説明し、落ち着いた雰囲気の中で実施します。

アンケート結果の考察と活用方法

一〇三ページの「個人別アンケート結果の一覧」をご参照ください。

否定的な回答を●印で示していますので、●印が多い子どもは欲求充足ができておらず、自己肯定感が育まれていない可能性が高いと考えられます。特に、以下の項目に注目します。

・「愛・所属」が満たされているか（1～6）
・自分のことが好き（12）、自分にはよいところがある（7）と感じ、自分を肯定的にとらえているか
・「力（承認）」の欲求が満たされているか

・その他の欲求が満たされているか

選択理論では、５の「家族から、大切にされていると思いますか？」と、３の「先生から、大切にされていると思いますか？」の結果を特に重視します。親と子、教師と児童生徒の関係が良好と答えた子どもで、問題を起こした例はほとんどありません。

また、「愛・所属」の欲求に関する質問（１～６）に対して肯定的な回答が多い子どもは、他の項目でも肯定的な回答が多くなっています。それぞれの項目をクロス集計した結果からも、その関係ははっきり表れます。グラッサー博士が主張している「親と子、教師と児童生徒の関係が良好であれば、子どもは学校で上質な取り組みをし、問題を起こさない」という主張を裏づけるものになっています。

反対に、「愛・所属」の欲求に関する質問（１～６）に対して否定的な回答が多い子どもは、他の項目でも否定的な回答が多い傾向が見られます。そこで、教師が欲求充足や自己肯定感を育むことの大切さを共通理解して支援していくことが、問題行動の予防につながると考えられます。子どもの問題行動の「予防」に、選択理論は力をより発揮できるのです。

アンケートの具体的な活用方法としては、●印が多い子ども、特に「愛・所属」の欲求の欄に●印が多い子どもには、教師側から「傾聴する」「支援する」「励ます」といった「人間関係を築く七つの習慣」を積極的に使っていくことを心がけます。また、本人の長所に目を向けるような言葉かけを意識します。教師側がその子どもに注目することで、問題行動は減っていきます。問題行動は個人的な注目を求める行動であるという一面を持っているからでしょう。

アンケート結果と、日頃の子どもの様子や、親や教師のかかわり方を重ね合わせて考察するここのアンケートは、先生の勉強のために使うものです。思ったとおりに選んでください。
あなたの気持ちに近いほうは、どちらですか？　近いほうに○印をつけてください。

年　組　番　氏名＿＿＿＿＿＿＿＿＿＿＿＿＿＿

1　あなたには、学校で、仲良くしてくれる友達がいますか？
　□いる　□あまりいない

2　あなたは、友達に、自分の気持ちや願いをだいたい言えますか？
　□だいたい言える　□言いにくい

3　あなたは、先生から、大切にされていると思いますか？
　□大切にされている　□あまり思わない

4　あなたは、先生に、自分の気持ちや願いをだいたい言えますか？
　□だいたい言える　□言いにくい

5　あなたは、家族から、大切にされていると思いますか？
　□大切にされている　□あまり思わない

6　あなたは、家族に、自分の気持ちや願いをだいたい言えますか？
　□だいたい言える　□言いにくい

7　「自分にはよいところがある」と思いますか？
　□思う　□あまり思わない

8　「新しいことをいろいろと知りたい気持ち」が強いですか？
　□強く思う　□あまり思わない

9　あなたは、部活動が好きですか？（小学校：運動が好きですか？）
　□好き　□あまり好きではない

10　学校で勉強していることが、だいたいわかりますか？
　□だいたいわかる　□わからないことが多い

11　あなたは、どちらかと言えば、運がいいほうだと思いますか？
　□いいほうだと思う　□悪いほうだと思う

12　あなたは、自分のことが好きですか？
　□好き　□あまり好きではない

13　何かやってみようと思ったとき、たぶんうまくいくと思うほうですか？
　□うまくいきそうな気がする　□失敗しそうな気がする

14　あなたには、好きなことをして自由に過ごせる時間がありますか？
　□ある　□ほとんどない

15　あなたには、一日のうちで、楽しい時間がありますか？
　□ある　□あまりない

16　夜は早めに寝るほうですか？
　□早めに寝るほう　□遅くなることが多い

17　夜の歯磨きは、毎日していますか？
　□する　□毎日は、しない

18　食事は、一日三食、きちんと食べていますか？
　□とっている　□二食のことが多い

「自己肯定感と欲求充足に関する調査」 個人別アンケート結果の一覧 ○年△組			1	2	3	4	5	6	7	8	9	10	11	12	13	14	15	16	17	18	19	20	21	22	23	24	25	26	27	28	29	30	31	合計
			氏名	氏名	氏名	氏名	氏名	氏名	氏名	氏名	氏名	氏名	氏名	氏名	氏名	氏名	氏名	氏名	氏名	氏名	氏名	氏名	氏名	氏名	氏名	氏名	氏名	氏名	氏名	氏名	氏名	氏名	氏名	
愛・所属の欲求	友人	1 学校で、仲良くしてくれる友達がいる？																																0
		2 友達に、自分の気持ちや願いをだいたい言える？				●					●		●			●											●			●				6
	先生	**3 先生から、大切にされていると思う？**		●		●					●											●				●	●			●			●	8
		4 先生に、自分の気持ちや願いをだいたい言える？				●					●		●			●	●									●	●	●		●		●	●	11
	家族	**5 家族から、大切にされていると思う？**				●											●																	2
		6 家族に、自分の気持ちや願いを言える？											●			●	●				●						●	●				●		7
		合計　(1～6で●のついた数)	0	1	0	4	0	0	0	0	3	0	3	0	0	3	3	0	0	0	1	1	0	0	0	2	4	2	0	3	0	2	2	34
力（承認）の欲求		**7「自分にはよいところがある」と思う？**		●		●					●		●			●	●				●		●	●	●		●	●		●			●	14
		8「新しいことをいろいろ知りたい気持ち」が強い？			●	●							●			●	●		●				●						●				●	9
		9（小）運動が好き？　（中）部活動が好き？		●																								●		●		●		4
		10 学校で勉強していることが、だいたいわかる？													●	●	●					●						●		●			●	7
		11 どちらかと言えば、運がいいほうだと思う？				●		●	●				●		●	●	●		●		●			●	●		●	●		●	●	●		16
		12 自分のことが好き？		●		●					●		●			●	●				●	●	●		●	●	●	●		●		●		15
		13 何かやってみようと思ったとき、たぶんうまくいくと思うほう？				●			●				●			●	●		●							●		●	●	●		●		11
		合計　(7～13で●のついた数)	0	3	1	5	0	1	2	0	2	0	5	0	2	6	6	0	3	0	3	2	3	2	3	2	3	6	2	6	1	4	3	76
自由・楽しみの欲求		14 好きなことをして自由に過ごせる時間がある？																			●									●			●	3
		15 一日のうちで、楽しい時間がある？				●																						●		●				3
		合計　(14～15で●のついた数)	0	0	0	1	0	0	0	0	0	0	0	0	0	0	0	0	0	0	1	0	0	0	0	0	0	1	0	2	0	0	1	6
生存の欲求		16 夜は早めに寝るほう？		●		●	●				●		●			●			●	●		●		●			●	●		●			●	14
		17 夜の歯磨きは、毎日している？								●																								1
		18 食事は、一日三食、きちんと食べている？				●					●		●																					3
		合計　(16～18で●のついた数)	0	1	0	2	1	0	0	1	2	0	2	0	0	1	0	0	1	1	0	1	0	1	0	0	1	1	0	1	0	0	1	18
		総合計　(1～18で●のついた数)	0	5	1	12	1	1	2	1	7	0	10	0	2	10	9	0	4	1	5	4	3	3	3	4	8	10	2	12	1	6	7	134
		得　点　(18-総合計)	18	13	17	6	17	17	16	17	11	18	8	18	16	8	9	18	14	17	13	14	15	15	15	14	10	8	16	6	17	12	11	424

とも重要です。子育てに熱意を持っている親の子どもや、教師が指導に多くの時間を割いている子どもが、「家族や先生から大切にされていない」と答えることがあります。そんなときは、愛情を伝える際に「人間関係を壊す七つの習慣」を使っていないか点検します。

アンケート結果は誤解を招きやすいので、結果そのもの家庭に知らせることはしません。自己肯定感の育まれていない子ども、欲求の充足ができていない子どもに対して、教師が積極的なかかわりをしていくための資料として活用します。保護者とともに自己肯定感や欲求充足の重要性について学ぶ仕組みをつくることができればさらにいいでしょう。それは私の課題であり、願いでもあります。

このアンケートを実施した西予市の学校の中で、驚くべき学級がありました。ほとんどの子どもが「先生から、大切にされている」「先生に、自分の気持ちや願いをだいたい言える」と答えた学級が存在したのです。その学級は、他の質問項目も●印が極端に少なかったのです。

私は思わずその先生に、「どうしてこのようなアンケート結果になったのか教えてください」とお願いしました。すると、その先生は「たぶん生徒とかかわるときに、生徒が教師から大切にされていると思えるような対応を意識しているからでしょうか」と控えめに話してくれました。

その先生の学級は、他の学級よりも定期テストの点が高いということも関係者から聞きました。グラッサー博士は、「子どもが教師と良い関係を持てるようになると学び始める。教師が一日数分、子どもに思いやりや支持を示すだけで、彼らはやる気になって、一生懸命に取り組むようになる」と述べています。子どもの「愛・所属」の欲求を満たすお手伝いをするという視点を持つことが、子どもと教師、双方の欲求充足につながると思っています。

8

選択理論をベースにした、教職員によるチーム支援

子どもの幸せと成功に貢献できる「教師」という仕事

平成一八、一九年度、三瓶中学校は文部科学省の委嘱を受け、「児童生徒の心に響く道徳教育推進事業」に取り組むことになりました。そこで、「**親や教師との関係は、生徒の健康面や学習成績、行動面に大きな影響を及ぼすこと**」「**道徳教育が生徒の心に響くためには、何よりも生徒と教師との人間関係づくりが大切であること**」を保健室データに基づいて先生方に情報提供しました。

職員会議で合意を得て、学級担任を中心に全教職員での取り組みが始まりました。一人一人のかけがえのなさに気づく地域教材の開発、生命の尊さを考える道徳の授業、学級活動や学校行事、選択理論を活用した生徒集会など、どれも「良好な人間関係づくり」を意識して行いました。このような実践を積み重ねた結果、一九年度の調査では「先生から、大切にされている」と答えた生徒の割合は、前年の六七％から二四％増えて九一％になりました。不登校や保健室登校、体調不良で欠席する生徒、保健室を利用する生徒も減っていきました。校長のリーダーシップのもと教師同士が協力し合うことで、生徒に大きな安心感を与えることができると感じました。そして、

教師の思いを素直に受けとめることのできる生徒にも感動しました。

一九年度に開催された推進指定校発表会では、県教育委員会の指導講評において「生徒を人として大切にする支持的風土ができており、推進校として見事である」と賛辞を受けました。参加者から「遠くの客には親切にするが、身内には親切を忘れるのが人の世の常。三瓶中では身近な人を大切にしている」という感想発表がありました。

その後も研修主任を中心に、全職員で生徒の自己肯定感を育む取り組みを重ねています。それは、アンケートの結果にも表れ、一八年度は、「自分にはよいところがあると思う」と答えた生徒は三四%、「自分のことが好き」と答えた生徒は三六%でしたが、二一年度はそれぞれ五九%、五一%に上昇しました。全国学力・学習状況調査（三年生対象）のアンケートでも「自分にはよいところがあるか」という質問に対して「あてはまる」または「どちらかと言えばあてはまる」と答えた生徒は、全国平均の六一%に対して本校では八三%に達しました。

仲間の養護教諭とともに学ぶ

三瓶中学校での取り組みについて、二〇年度の四国学校保健研究大会で報告したところ、地元、西予市の養護教諭の先生たちから共同研究の声がかかりました。みんなで選択理論の上級講師、柿谷寿美江先生を招いて講演とロールプレイを見せていただき、研究はスタートしました。また、有志によるリアリティセラピー（選択理論を使ったカウンセリング）の研修会も始まりました。

具体的な取り組みとしては、前述の自己肯定感に関するアンケート調査を西予市全体で実施しました。その結果を見ると、日本の子どもは自己肯定感が先進諸国に比べて著しく低いと言われますが、西予市でも例外ではありませんでした。二〇〇八年度の西予市小中学生二〇八三名のうち、「自分が好き」と答えたのは小学生平均では七二％、中学生平均では四五％でした。クロス集計の結果、「家族や先生から大切にされている」と答えた子どもで、「自分にはよいところがある」「自分のことが好き」と答えた子どもはそれぞれ六八％、六六％でした。反対に、「家族や先生から大切にされていない」と答えた子どもでは、それぞれ一八％、一一％でした。この調査結果の分析を立正大学心理学部柿谷研究室に依頼したところ、「自分のことが好きな子ども」は、「自分にはよいところがある」と思っていること、「友達に自分の気持ちを話せる子ども」は、「家族や先生にも話すことができる」という傾向があることがわかりました。

これらの結果を踏まえて各メンバーが自校で取り組み、二〇一一年度の愛媛県養護教諭研究大会で共同発表しました。決して一校だけではできない取り組みができ、西予市養護部会のメンバーに心から感謝しています。

事前の一策は事後の百策に勝る

前述の自己肯定感に関する調査で、気がかりなことがありました。かなり自己肯定感が低いと思われる生徒で、問題が表面化していない生徒は、その後のアンケートでもほとんど改善が見られなかったのです。彼らは「愛・所属」の欲求も、「力（承認）」の欲求も満たされない状態が続いていると思われます。そんなとき、人は手っ取り早く欲求充足をしようとして、反社会的な行

秘：教職員のチームによる支援資料

＊自己肯定感がかなり低いと思われる生徒で、問題が表面化していない生徒の支援

○ 年　○ 組　○ 番	氏　名　　○○　○○○

＊自己イメージ・自己肯定感アンケートの結果を記入後、回覧する。

愛・所属の欲求の充足について（自己肯定感を支えるもの）				よいところある	自分好き	アンケート否定	日常の観察から（学級担任）
	家族	教師	友人				学習能力は低くはないのだが、何をするにも自信がなさそうに行動する。発言するときもおどおどしていて、自分のことを表現するのが苦手である。
大切にされている	×	×		×	×	12	
気持ちを言える		×	×			18	

＊全教職員に回覧して、肯定的な情報を（気になる情報も含めて）記入してもらう。

チェック	教職員氏名	自己肯定感を育むための情報ほか
	A	話し方が礼儀正しい。
	B	清掃のときに努めて声をかけている。学習面でも自信を持たせたい。
レ	C	＊かかわりが少ない場合はチェックのみで空欄
	D	声が小さいので、少しでも大きな声で言えるよう励ましている。
	E	部活動はまじめに取り組むことができている。
	F	自分のことが表現できるよう励ましていきたい。
	G	言われたことは素直に聞き、取り組む。
	H	おとなしく目立たないが、ノート等は、きちんととっている。
	I	選択教科のプリントの取り組みは、がんばっています。
	J	地道の努力できる。がんばろうという気持ちは伝わってくる。
レ	K	＊かかわりが少ない場合はチェックのみで空欄
	L	物静かだが、自分の考えを持っている。美術が好きで質問してくる。
	M	控えめながら、自己主張をしているし、素直である。
	N	掃除態度がまじめである。
	O	まじめな態度で取り組んでいると思う。

＊寄せられた情報をもとに、担任やかかわりの深い教職員の中からキーパーソンを決める。

キーパーソン　：　○○　○○　・　○○　○○

＊キーパーソンとなった教職員が具体的な支援と協力してほしい点を全職員に投げかける。

具体的な支援	協力してほしい点
・先生方から情報を積極的に伝えたい。学校で、自分の気持ちを表現した場面を見つけて、励ましたい。 ・学級の生活を中心に、しっかりとアンテナを伸ばし、毎日のちょっとした場面で、よい面を見つけてほめるように努め、自信を持たせたい。	・明るい表情を見かけたら、そのつど教職員からも声をかけて、明るい対話をしてほしい。 ・できれば、自分の考えを表現しやすい質問についてタイミングよく指名して、表現する自信や喜びを感じられる機会をつくっていただければありがたい。

動に出たり、引っ込み思案になって孤立し無感動になったりすることが多いとグラッサー博士は述べています。そこで、私たちは、問題が表面化していない今こそ彼らに効果的にかかわるチャンスととらえて、研修主任を中心に、校内研修で教師側から積極的にかかわり、認め励ましていこうと確認し合いました。

そのために、「教職員のチームによる支援資料」（前ページ参照）を活用しています。支援生徒に対して、先述のアンケートの結果を記入した上で、全職員に回覧します。各自がその生徒に関して持っている肯定的な情報——「長所」や「努力したこと」「願望や関心のある事柄」について書き込んでもらいます。担任教師をはじめ生徒と特にかかわりの深い先生がキーパーソンになって、支援資料を活用しながら積極的に声をかけ、認め励ますかかわりを根気強く続けています。

9

日本初のクオリティ・スクール——神奈川県立相模向陽館高校の挑戦

「学校」という「システム」の改善

選択理論を個人の生活で用いる場合は、「**相手は変えられない、変えられるのは自分だけ**」と考えて、自分自身の思考と行為に注目して、改善をめざします。

一方、**学校や会社など組織で用いる場合は、組織の個々人の問題点よりもシステムの問題点に**

注目します。**「問題が起こりにくく、誰もが基本的欲求を満たせるように、システムを改善していく」ことを勧めています。**グラッサー博士は、精神病患者や非行少年とかかわる中で、彼らの多くが家庭で満たされず、その上、学校においても「失敗している」と感じていることに気がつきました。博士は、学校での「失敗」の原因は他でもない、学校教育そのものの中にあると考え、「落伍者なき学校＝クオリティ・スクール」をつくることが、社会で起きている問題を予防することになると考えました。

そして、教師も子どもたちも選択理論を学び、協力して学習を進め、自律心を養い、質の高い取り組みをすることで、欲求充足のできる教育システムをつくりました。温かい人間関係があり、子どもたち全員がB以上の成績を修め、問題行動のないクオリティ・スクールを今日までにアメリカで二〇校実現させせました。

「国立教育政策研究所広報」（二〇〇二年一月）で、辰野千尋氏はわが国がめざしている「生きる力」を育成する方向は、子どもの自律性と自己責任をともに考えるクオリティ・スクールの考え方に近いと紹介しています。私自身も、二〇〇五年に四〇名近いグループでアメリカへ視察に行き、クオリティ・スクールを四校訪問しました。どの学校もすばらしい学校で、視察に参加したみんなが、日本にもこのような学校を創りたいという思いで帰って来ました。

そして、ついに感動的なニュースが届きました。二〇一〇年四月開校の神奈川県立相模向陽館高校（伊藤昭彦校長）が、クオリティ・スクールをめざしているというのです。開校に至るまでの様子を、伊藤先生にレポートしていただきました。

〈レポート〉

日本初のクオリティ・スクールをめざして

伊藤　昭彦

生徒が午前部か午後部のどちらかに所属し、昼間の時間帯から半日単位で四年間学ぶことができる、単位制による多部制定時制課程の普通科高校。神奈川県内の座間市ひばりが丘の地で、平成二二年四月に一期生を迎えた神奈川県立相模向陽館高校は、こうしたスタイルをとるユニークな新設校です。

しかし本校の特色はむしろ、想定している入学者像に対して、その生徒たちをどう支えるかという教育システムにあります。

公立の高校ですので、もちろん誰でも受験可能ですが、本校は学校案内で「入学者像」を明確に打ち出しています。「小・中学校時代に勉強や友人のことで悩み、傷ついたことのある人」。具体的には、学力に人一倍不安を感じている、やる気はあるのになかなか勉強についていけない、これまでに不登校を経験した、外国籍等で日本語の理解が十分でない、経済的理由で働きながら学びたい。こうした生徒たちが、臆することなく受験にチャレンジできる高校として、本校はオープンしました。

当時、私たち開校準備に当たっている教職員は考えました。こうした子たちは、何が原因で現在の状況にあるのだろうかと。おそらくこの子たちは、成長過程において、家庭では親から、学校に入っては教師から、またその外見だけで判断されて地域の人から、批判され、責められ、罰せられ……という選択理論で言う「人間関係を壊す七つの習慣」に晒され続けてきたのではないか。その結果、いじけたり、遠慮がちになり自分を悲観したり、また反抗的、攻撃的になった挙句に人間不信や学力不振、不登校という症状を呈するようになってしまったのではないかと。

「これまでを疑い、これからを創ろう!」

この仮説が当たっていた場合、これまでありがちな生徒対応の方法に終始したら、せっかく入学した生徒たちはまたドロップアウト=落伍してしまうのでは。なんとか「落伍者なき学校」を創設することはできないか。この課題意識が開校準備に当たる私たち教職員の改革の原動力となりました。

そこでまず私たちが手がけたことは、次の「教職員行動綱領」を自発的に定めることでした。

本校の教職員行動綱領――生徒との強固な人間関係を確立するための〝七つの心得〟

1. 私たちは、一人ひとりの生徒を尊敬することで、生徒との温かい人間関係づくりをめざします。
2. 私たちは、生徒どうし、教職員どうしの協働・共生のもと、生徒に質の高い学びを提供します。
3. 私たちは、生徒の欲求充足に向け、互いに意見の違いについて話し合いながら改善に努めます。
4. 私たちは、生徒からの意見や相談ごとに真摯に耳を傾け、課題発見・解決に向けて支援します。
5. 私たちは、悩みを抱える生徒に受容と励ましをもって接することにより、信頼関係を築きます。
6. 私たちは、保護者や地域の方々等とともに手を携え、生徒の成長と居場所づくりに貢献します。
7. 私たちは、入学者選抜にあたって、公正かつ適正な実施に努め、受験者には丁寧に対応します。

この行動綱領は、教職員の協議を経た上で策定し、ホームページに掲載して、いわばマニフェストとして明確に宣言しています。策定の動機づけとなったのは、「これまでを疑い、これからを創ろう！」という本校のスローガンです。

私たち教職員は、二〇世紀に生まれ、二〇世紀の学校に入学・卒業後、教員という職業を通して社会に貢献しています。すなわち、私たちは二〇世紀において半生を生きてきた人間です。ですから、その私たちが創る学校は、よほど気をつけないと二〇世紀の学校を再生産してしまいかねないのです。しかしながら、私たちが創る学校には、たとえ誕生は二〇世紀でも、確実に二一世紀を生き、二一世紀を創り、二一世紀を担っていく子どもたちが入学してきます。したがって、私たちは過去の思考や慣わしにとらわれず、今までの学校としてのやり方やあり方をいったんリセットし、もう一度教育の原点に立ち返って、二一世紀に通用する新しい考えで学校を創っていかなくてはいけない。新しい学校文化の創造。そのためには「これまでを疑い、これからを創るんだ！」という確固たる信念が必要です。

改革に必要な四つの要素

行動綱領というマニフェストは完成しました。次に求められるのは、この約束の実現を担保するための理論と実践方法です。

ものごとを改革するには、「ビジョン」と「戦略」と「時間」と「仲間」の四つの要素すべてが必要となります。

私たちにはすでに、「様々な入学動機や学習歴を有する生徒たちが学習への意欲を高め、自己肯定感に裏打ちされた『たくましく生きる力』『思いやる力』『社会とかかわる力』を身につけ、社会に巣立つことを支援できる学校となる」という明確な「ビジョン」がありました。また、一年間という短い間ですが、生徒が一人もいない中で準備に専念できる「時間」もありました。

問題は、いかに「戦略」を練り、「仲間」づくりに取り組むか。

開校約一年前に、法政大学教授の宮城まり子先生のご紹介で、私は立正大学教授の柿谷正期先生にお会いすることができました。それは同時に、私と選択理論との出会いを意味しました。「本校に入ってくる生徒を迎える教職員にとって、学ぶ必要のある方法論は選択理論だ」と直感した私は、柿谷先生の多大なご協力の下、平成二一年五月に開校準備に当たっていた教員スタッフ一五名全員で、リアリティセラピー集中基礎講座を受講する機会を設けました。

受講後、私たちは話し合いを重ね、五月末の時点で、みんなで力を合わせ「日本初のクオリティ・スクールをめざそう！」と確認し合うことができました。この瞬間、「選択理論」は学校づくりのための私たちの「戦略」として位置づけられました。

その後、私たちは現在に至るまで、毎月、自主的・自発的にロールプレイに取り組み、生徒との確かな関係づくりに向けたスキルアップに励んでいます。

「人間の壁」の克服に向けて

さて、改革に必要な四つの要素の中で、築くことが最も困難で、かつ発展はおろか現状を維持することすらままならないものは、言うまでもなく「仲間」づくりであり、その関係性です。

学校、とりわけ高校において教員は、いわゆる「個業」に比べ「協業」の必要性への意識は薄かったと思います。しかし、本校ではそれは通じません。なぜなら、生徒と教職員、また生徒どうしの確かな関係づくりを標榜している教職員自らが、教職員どうしの関係性や協働性を軽んじていたのでは、生徒たちに「言行不一致」として見透かされ、学校の経営方針そのものが説得力を欠くものとなってしまうからです。

また、「ほとんどすべての問題や悩みは、身近で重要な人との人間関係がうまく築けないことが原因」との選択理論の説を実証した上で関係改善を図っていこうとしている私たちにとって、教職員どうしの同僚性、協働性を構築することができずに、生徒との確かな関係づくりなど、果たせるはずはないからです。

イギリスの哲学者、ジェームズ・アレンは「人々の多くは、環境を改善することにはとても意欲的ですが、自分自身を改善することには、ひどく消極的」と言っています。一方、選択理論の提唱者であるグラッサー博士は「過去と他人は変えられない。しかし、未来と自分は変えられる」と教えてくれています。

では、どうしたらこの「人間の壁」を越えることができるか。換言すれば、どうやって教員どうしが彼我の壁を越えるためのシステムを、学校として構築することができるのか。

誰が悪いと、犯人探しをするのではなく、何がいけなかったのかに焦点を合わせ、改善していくことができるしくみづくり。

個人の達成にスポットを当て、それを強調するのではなく、グループとしての達成を称賛し合える職場の風土づくり。

常にお互いが「上質」を求め、やりがい、働きがい、生きがいを追求できる、明るい笑顔の絶えない職場の環境づくり。

　課題は尽きませんが、私たちはその打開策の一つとして、ワークショップ形式の研修手法の中で、特に「ワールド・カフェ」という手法に着目し、職場研修等に取り入れています（詳しくは本校ホームページ「校長コラム４」をご覧ください）。

　単に人の意見を批判するのではなく、自分の意見も表明し、人の意見にも耳を傾け、できれば自分も人もお互いに触発し、啓発し合いながら、協働してお互いに高め合っていく。すなわちＷＩＮ＆ＷＩＮの関係づくりが自然に成り立つのがワールド・カフェです。

　開校二年目の平成二三年四月、本校に二期生が入学してきました。私たちにとっては、まさしく試練の日々の連続ですが、しかしそれは同時に、私たちが立てた仮説を実証できる機会に引き続き恵まれていることを意味しています。相模向陽館高校の挑戦はさらに続きます。

神奈川県立相模向陽館高等学校　電話０４６-２９８-３４５５
http://www.sagamikoyokan-h.pen-kanagawa.ed.jp/

10

問題の予防に選択理論を活かす

　選択理論心理学会西予支部の仲間である筬島克裕さんは、「食」の立場から生活習慣病予防の研究をされていますが、一緒に選択理論を学んで「これは、心の生活習慣病予防になりますね」と感想を述べられたことが印象に残っています。

第１部の終わりにあたって、この節では選択理論についての復習をしながら、問題の予防やメンタルヘルスの視点から選択理論がどう使えるかを考えてみたいと思います。

子どもたちに対して効果的な支援ができるようになる秘訣は、選択理論の基盤となる次の三つの考え方の中にあると実感しています。

① 人は内側から動機づけられているので、人を外側から変えることができない。人は誰でも内側から、**基本的欲求**を満たそうとして行動している。

② 「自分が正しい。相手は間違っている」と考えて、自分の願望に固執するのではなく、人それぞれの**上質世界**（**願望**）は違うと考えて、人間関係の維持、改善を優先する。

③ 自分にできることは、自らの**全行動**（**思考・行為・感情・生理反応**）をより良い人間関係を築く方向に向けるとともに、自らの上質世界（願望）を見つめて効果的な「行為」と「思考」を選んで動くこと。

この選択理論の三要素――基本的欲求・上質世界（願望）・全行動について、もう少し詳しく復習しておきましょう。

「基本的欲求」を満たして心を安定させる

選択理論では、人は、**生まれながらに五つの基本的欲求を持っている**と考えています。「**愛・**

所属」「力（承認）」「自由」「楽しみ」「生存」の五つです。その中でも特に「愛・所属」の欲求を満たすことができれば、「愛されている・仲間の一員である」と感じることができるので、「力（承認）」の欲求やその他の欲求すべてをバランスよく満たしやすくなります。基本的欲求が満たされると、人の心は健康的になり、満足感、充実感といった良い気分を味わうことができます。良い気分は前向きで肯定的な行動につながります。

もし、人が「愛・所属」の欲求を満たすことができない場合はどうなるのでしょうか。基本的欲求をバランスよく満たすことが難しくなり、気分は不快になります。そうなると行動せずにはいられない気持ちになり、手っ取り早く自分の欲求を満たそうとして周りの人々の欲求充足を妨げたり、悩みを抱えたり、身体の不調が続いたりすることにつながります。

基本的欲求を満たせない状況が長い間続くと、人は自殺したり、凶悪な事件を起こしたりしかねません。例えば秋葉原の通り魔殺人事件を選択理論的に解釈すると、K被告は、「この世で誰一人自分のことを気にとめてくれない」と考えることで、「愛・所属」の欲求をはじめとする基本的欲求がまったく満たされない状態に陥ったと言えます。すると脳は常に不快を感じ、行動せずにはいられない気分になり、対処の方法として、通常では考えられない無差別殺人といった凶悪な事件を引き起こしたと説明できます。

私たちが気分良く生活し、周りの人に害を及ぼさないためには、基本的欲求を満たすことが重要なのです。

私は選択理論についての学びを深めながら、「愛・所属」の欲求を満たすために、夫の上質世界（願望）にも耳を傾けるようになりました。すると夫も私の上質世界（願望）を理解してくれるようになり、家庭でストレスを感じることが減っていきました。息子たちにも肯定的な言葉かけを意識することで、だんだんと気持ちが楽になっていきました。

心理学やカウンセリングの中には、家族や身内に対しては実践しにくいとされるものもありますが、選択理論は、身近で重要な人との人間関係においてこそ使うことを勧めています。その意味が、今はとてもよくわかります。

また、役に立ちたいという「力（承認）」の欲求を満たすため、選択理論に関する情報提供を始めたり、「自由」の欲求や「楽しみ」の欲求を満たすため、休日は積極的に趣味に時間を割いたりするようになりました。「仕事と子育てで精一杯」だった私が、基本的欲求を満たすことで心身にゆとりができました。

上質世界（願望）のパワーを知る

人は誰でも五つの基本的欲求を持っていますが、基本的欲求を満たすための具体的な方法は、人それぞれに違いがあります。

選択理論では、**人は生まれた瞬間から、良い気分を与えてくれるものを、まるでイメージ写真のように描き、それを脳の上質世界（願望）に集めており、そのときどきに欲しいと思うイメージ写真を脳に描き、それを現実の世界で手に入れようとして行動していると考えます**。ですから、**上質世界（願望）にどんなイメージ写真を入れるかは、人生においてとても重要なことです**（イメージ写真は、自分の選択で自由に入れ替えることができますし、締め出してしまうこともできます）。

例えば、あなたが「愛・所属」の欲求を満たしてくれるイメージ写真として描くのは誰ですか？「力（承認）」の欲求を満たしてくれるのはどんなイメージ写真ですか？「自由」や「楽しさ」を感じるイメージ写真はどのようなものでしょうか？人は、これらのイメージ写真を脳の上質世界（願望）に入れていて、現実の世界でも手にしようとして行動するのです。

上質世界（願望）は、行動の動機となるイメージの世界です。**相手の上質世界（願望）には何があるのかについて知る努力をすることで、相手の行動が理解しやすくなり、人間関係が近づいていきます。**反対に、相手の上質世界（願望）を無視すると、人間関係は離れていきます。

意欲が低下した子どもでも、上質世界（願望）にあることなら、心の扉を開けて動いてみようかなと思うことがあるようです。「どうなりたいの？」と温かく問いかけ、やりたいことを見いだせない子どもにも、役に立ちそうな情報を提供し続け、選んで動くことの爽快さを味わってほしいと願っています。不登校の生徒も、**上質世界（願望）に入れてあるイメージ写真を一緒に探り、それを現実の世界の中で手に入れるサポートをしていく**と、見違えるようにたくましくなっていくのをたびたび実感しています。

ただ、上質世界（願望）に入れているものは良いものばかりとはかぎりません。暴力や麻薬、アルコール依存などを入れている人もいます。拒食症の人は、さらにやせた自分をイメージ写真として脳に描き、食べない選択をします。これらの危険なイメージ写真を上質世界（願望）から追い出すためには、治療と同時に「愛・所属」を満たす支援的なかかわりが必要です。そして、それは困難で根気のいる援助です。グラッサー博士は、「不幸のほとんどすべては、幼少期にそ

の種がまかれている」と述べています。「愛・所属」の欲求を満たしている子どもは、上質世界

（願望）に親や教師の温かいイメージ写真を入れており、危険なイメージ写真を入れる可能性が小さくなります。

「全行動」を理解して、素敵な人間関係と夢を育む

選択理論では、人は「基本的欲求」を満たすために、具体的なイメージ写真を思い描いて「上質世界（願望）」に入れ、それを現実の世界で手に入れるために「行動」していると考えます。いくら、基本的欲求を満たすことの重要性を知り、上質世界（願望）のイメージ写真をありありと思い描いても、それなりの行動をしなければ、願望は手に入りません。

夢や目標に向かって行動することの大切さは誰でも知っていますが、初心を忘れず、必要な行動を取り続けるのは簡単ではありません。やっても無理ではないかと考えて不快な「感情」にとらわれたり、「生理反応」も絶えず変化したりするので、やる気を維持するのはなかなか難しいことです。

しかし、選択理論は、必要な行動を持続して上質世界（願望）を手に入れる秘訣を教えてくれます。グラッサー博士自身、ある記者会見で、「あなたがした人類への最も大きな貢献は？」と尋ねられて「人の行動を全行動だと考え、車にたとえたことだ」と述べています。**選択理論では、人のとる行動を「全行動」と考えます。その意味は「行為」「思考」「感情」「生理反応」が常に一緒になって動くということです。**この四つのうち、自分で直接変えやすいものを「行為」と「思

考」、自分では直接変えにくいものを「感情」と「生理反応」だと考えます。これを車にたとえ、ハンドルで直接操作しやすい前輪を「行為」と「思考」、直接操作が難しい後輪を「感情」と「生理反応」とします。**前輪の「行為」と「思考」をコントロールすることで、後輪の「感情」と「生理反応」がついていくというイメージです。**人が考え（思考）、動くこと（行為）によって、「感情」や「生理反応」に変化が起こるというわけです。

　期末試験のとき、気分不快で保健室を訪れ、休養した生徒がいました。良い成績を取りたいという上質世界（願望）を持って、徹夜で勉強するという「思考」と、実際に徹夜で勉強したという「行為」は、試験を受けられず不快・情けないという「感情」と、吐き気という「生理反応」につながりました。**後輪の「感情」と「生理反応」の役割は、このように、現在とっている「思考」と「行為」が基本的欲求を満たしているかどうかを教えてくれます。**その生徒は少し休養すると気分が良くなり、「どうすれば、気分良く試験を受けることができる？」と質問すると、「一週間前から計画的に勉強して、試験中でも必ず五時間は睡眠時間を確保します」と言って教室へ戻りました。私は「入試でなくてよかったね」と送り出しました。

　また、以前の私は、家庭でよく息子たちを叱っていました。そのときに「全行動」は、ガミガミ言うという「行為」と、何で親の言うことを素直に聞けないのという「思考」と、怒りの「感情」とで、平常心でいるときよりは血圧が上がっている「生理反応」の状態です。選択理論を学んでからは、たとえ息子であっても、「**人は外側からは変えられない**」こと、「**他人にできることは、情報提供のみ**」ということ、「**身近で重要な人との人間関係がどれほど大切であるか**」ということを肝に銘じました。まずは上質世界（願望）に温かい家族のイメージ写真をはっきりと描いて、それに向かって私の車を走らせることにしました。

私は、「子どもが私を怒らせる」という思考から、「私が怒ることを選択している」という思考に切り替えました。まず、直接操作しやすい前輪である「思考」を切り替えることから始めたのです。そして、同じく前輪の「行為」の面では、怒らないで情報を伝える工夫をするようにしました。家族みんなに、親友に接する感覚で、選択理論の核心とも言うべき質問――「私がしようとしていることは、この人と親しい関係になるか、離れる関係になるか」を自問自答して行動するよう心がけたのです。関係が近づく言葉かけを考えて（思考）、実際に関係の近づく言葉かけに努める（行為）ように変えていきました。使い慣れた「思考」や「行為」を変えるには一年以上かかりましたが、その結果、ストレスを感じることがかなり減りました（後輪である「感情」や「生理反応」の変化）。銀婚式を迎え、夫から「一日でも長く一緒にいたい」という言葉を聞いて、夫に感謝するとともに、選択理論にも感謝しました。

それぞれのクオリティ・スクールに向かって

グラッサー博士は、「**社会へ出る前に、良好な人間関係を築く方法を学ぶことができれば、現在、世の中で起こっているほとんどの問題を予防できる**」と考えました。そして、今日までに「**落伍者なき学校＝クオリティ・スクール**」がアメリカでは二〇校存在し、二〇〇校以上がそれをめざしています。

視察に行ったアメリカのクオリティ・スクールでは、小学一年生から選択理論を学んでいました。教員同士が選択理論に関する情報を共有し、教師同士、教師と子どもの間に温かい人間関係があり、教師も子どもも基本的欲求が満たされる学校が日本にもあれば、どんなにすばらしいことでしょう。前節で紹介した神奈川県立相模向陽館高校（伊藤昭彦校長）は、まさに、それをめざしている学校です。そのチャレンジを心から応援しています。

現実に立ち返り、今、私にできることは何だろうと考えて、朝、登校してくる生徒を笑顔で迎え、認め励ます言葉かけをしたり、時には自己評価を促す質問をしたりしています。

以前、こんな場面がありました。掃除の時間に、児童が廊下で雑巾バケツをひっくり返して水浸しになりました。周りの子どもたちは、「誰がやった？」とか「わあーすごい。水浸し」と口々に言い合っていました。そこへ通りかかった私は、穏やかに「どうしたらいいと思う？」と尋ねました。すると、一斉に子どもたちは、雑巾を取りに行って協力し合い、水をふき取りました。泣きべそをかいていた児童も「ありがとう」と自分から言えました。私は「みんな優しいね。元よりもきれいになったね」と声をかけ、「次からはどうしたらいい？」と尋ねると、「廊下は走らない」とバケツをひっくり返した子どもが言いました。六年生は「バケツの置き場所を変えます」と答えてくれました。子どもって素敵だなあと感じました。

それぞれの現場で、それぞれのクオリティ・スクールをめざす小さなチャレンジが、「世の中で起こっている問題の予防」につながっていくのではないでしょうか。

「すべての子どもが喜びあふれる学校生活を送る」――そんな常識外れの結果は、きっと常識の積み重ねによって実現すると信じています。

第2部

クオリティ・スクールを実現する五つの教育理念

柿谷 正期

1

クオリティ・スクール誕生！

「全米一の優秀校」

現実療法と選択理論の提唱者ウイリアム・グラッサーは、一九九〇年に『クオリティ・スクール』を著しました。そして、翌一九九一年、ミシガン州ワイオミング市の公立小学校ハンティントンウッズ・スクール（Huntington Woods Elementary School）がグラッサー・クオリティ・スクールの宣言をし、世界初のクオリティ・スクールが誕生しました。

その後、ハンティントンウッズ・スクールは、全米教員組合（ＮＥＡ）から「全米一の優秀校」と紹介されています。

普通は「優秀な学校の一つ（One of the best schools）」という表現で評されるのですが、**ハンティントンウッズ・スクールは**、"Perhaps the best elementary school in the nation"（NEA Today）つまり、「**おそらく全米一の優秀な小学校であろう**」**と評されたの**です。それほど画期的な学校が誕生したと言えます。

グラッサーとデミングの出会い

グラッサーは『クオリティ・スクール』（一九九〇）を書いているときに、私（柿谷）にW・エドワーズ・デミングという人物について聞いてきました。デミングはマッカーサーに要請されて戦後の荒廃した日本にやって来て、クオリティ（上質）を追求することによって日本の企業を世界一に導いた立役者です。デミングは日本で有名となり、デミングのアイディアは逆輸入されて米国でも知られるようになったのです。デミング賞はデミングへ支払われる印税の有効な使い方として考案されたもので、品質管理の進歩に功績のあった企業や個人に贈られる名誉ある賞として知られています。デミング賞を受賞すると、上場企業では株価の上昇につながると言われています。

デミングがグラッサーの選択理論を知ったとき、自分たちのしてきたことは選択理論と同じものだと感じて、デミングはグラッサーに連絡をしてきました。グラッサーは「企業で上質を追求して成功するなら、教育界で上質を追求して成功しないはずはない」と考え、そこから**教育界での上質の追求が始まった**のです。そして、それまで著していた『落伍者なき学校』（一九六九）の路線をいっそう明確にするクオリティ・スクールを提唱するようになりました。

さまざまな教育改革は、それまでも行われて来ました。しかし、上質を追求する教育革命はありませんでした。グラッサーの教育改革の要は、デミングにそのアイディアを得たクオリティ・スクールなのです。

2

五つの教育理念

一九九一年にクオリティ・スクールの宣言をしたハンティントンウッズ・スクールの校長はケイ・メントレー（Kaye W. Mentley）です。後にミシガン州の北部に位置するトラヴァース市にグランド・トラヴァース・アカデミー（Grand Traverse Academy）という別のクオリティ・スクールを創立した教育者です。

ケイ・メントレーはハンティントンウッズ・スクールの校長のときに、次のような教育理念を打ち立てています。

グラッサー・クオリティ・スクールの五つの教育理念

1. 人には基本的欲求がある。学校は子ども、保護者、教師にとって欲求充足の場である
2. 競争ではなく協力することで、最高の学習ができる
3. 強制のあるボスマネジメントではなく、リードマネジメントの環境で子どもは成功する
4. 脅したり、罰したりしないで、問題は話し合って解決する
5. 上質は自己評価を通して達成される

いかがですか。普遍性のある教育理念だと言えるのではないでしょうか。

以下、これら五つの教育理念を中心に筆を進めていきます。まず、人間の持つ基本的欲求についてです。

＜教育理念１＞
人には基本的欲求がある。学校は子ども、保護者、教師にとって欲求充足の場である

グラッサーは**基本的欲求**（Basic Needs）を、「**生存**」「**愛・所属**」「**力**（**承認**）」「**自由**」「**楽しみ**」の五つに集約しています。

「人には基本的欲求がある」と認めることは、「人は自分の内側から動機づけられる」とイコールです。たとえ外側から動機づけられているように見えたとしても、人は内側から動機づけられているのです。人には基本的欲求があることを認め、内的動機づけを主軸に教育を考えると、学校は大きく変化します。

外的コントロールを極力排除する

教育界には、「人は外側から動機づけることができる」と考える教師が少なくありません。教師の子どもへの暴力は、外側から変えようとする考え方の極みから出る結果です。罰もほうびも、外側から動機づけさせようとする試みと言えます。ほうびは罰よりも喜ばれるかもしれませんが、手放しでは喜べません。

ある少年サッカーチームの話です。監督は熱心にチームを育成しようとしているのですが、なかなかうまくいきません。子どもたちがチームの仲間たちと協力しようとしないのです。ゴールを決めるのが無理な状況でも、自分でゴールを決めようとシュートする子が多く見られます。子どもたちに話を聞いてみると、ゴールを決めるとお小遣いがもらえるとのことです。

ほうびは動機を変えてしまうことがあります。チームとしていい試合をして勝利を得ることよりも、自分がゴールを決めてほうびのお金をもらうことが重要になっていたのです。監督は保護者に、子どもがゴールを決めてもほうびはあげないようお願いしました。

グラッサーは当初、「刺激（S）－反応（R）理論」を使って選択理論を説明していました。その後、外側から人を変えようとするものを「外的コントロール心理学」と命名し、外的コントロールとの関係で選択理論を説明するようになりました。クオリティ・スクールでは、外的コントロールを極力排除しようとします。「人は基本的欲求によってもともと動機づけられているので、その動機づけの障害となるものを取り除くことをしなければならない」と考えたわけです。

外的コントロールの表れとして、**人は「人間関係を壊す七つの習慣（七つの致命的習慣）」**を使います。その七つとは、「**批判する**」「**責める**」「**文句を言う**」「**ガミガミ言う**」「**脅す**」「**罰する**」「**ほうびで釣る**」です。これらは、残念ながら教育界や子育ての場面で始終使われているのが現状ではないでしょうか。これらのうち一つでも使う人は、外的コントロールを使っていると言えます。

外的コントロールを極力排除して、「人は内側から基本的欲求によって突き動かされている」と、内的コントロールを主軸に置くことで、学校は大きく変化するのです。

基本的欲求をお互いが持っていることを知る

グラッサー・クオリティ・スクールでは、基本的欲求（「生存」「愛・所属」「力（承認）」「自由」「楽しみ」）を満たすためにはどうしたらよいかを考えます。子どもたちの基本的欲求はもとより、教師も同様の欲求を持っていますし、保護者も基本的欲求を持っています。

クオリティ・スクールでは、学校で子どもたちに選択理論の概念が教えられ、ホームワークとして家に帰ってそれを親や家族に説明することが求められています。家族から質問を受けてわからないことがあれば、学校で教師に聞き、それをまた家族に説明します。教えることは、学ぶ最高の機会となるのです。耳で聞いて学ぶ確率は10パーセントですが、教えることで学ぶ確率は90パーセントになると言われています。

基本的欲求は人間関係のなかで満たされるものです。ですから、子どもと家族の間でも良好な人間関係を築くことが重要となり、このようなホームワークが出されるわけです。さらに興味を持つ保護者のために、選択理論の学習会が学校で開催されます。

五つの基本的欲求については第1部でも解説していますが、大切なことですので、ここでも簡単に整理しておきましょう。

①「生存」の欲求

身体的欲求を「生存」の欲求と呼びます。食べる、飲む、眠る、体温調整等という基本的なことがらを司っている欲求で、脳幹の部分が関与しています。

選択理論を身につけた教師が、クラスの子が朝食を食べて来ないことに気づき、おにぎりを用意して食べさせたという話があります。この場合、「生存」の欲求だけではなく、それを用意して食べさせてくれる教師との関係から、「愛・所属」の欲求も満たされたことでしょう。このようにいくつかの基本的欲求が絡み合っているのが通常です。

②「愛・所属」の欲求

学校で友達ができないと感じている子がいます。友達がいれば、勉強ができない子でも学校に行こうとします。子どもにとって、「愛・所属」の欲求はとても重要です。高校を中退しようと考えていた高校生が落ち着ける学校とは、教師が生徒を気づかって「愛・所属」の欲求を満たしてくれる学校です。

教師は「教師と子どもとの関係で、『愛・所属』の欲求が満たされるにはどうすればよいか」を考えながら創造的な取り組みをすることになります。そのことを日々心がけていれば、少なくとも問題に直面して何をしてよいかわからないという教師はいなくなります。「解決の方向性は良好な人間関係」と見定めればよく、それは学校の諸問題を解決する鍵なのです。

ケイ・メントレーが校長を務めるグランド・トラヴァース・アカデミーでは、朝の登校時間は、子どもたちが歓迎されていると感じる時間帯です。校長自ら、子どもたちを校舎の前で出迎えます。子どもたちは保護者の車で学校まで連れて来られます。車のドアを開けて子どもが出てくると、歓迎チームが一人一人の名前を呼んで声かけをします。子どもたちは、教室に入る前に何度も自分の名前が呼ばれることになります。

歓迎チームのメンバーは、教師だけでなく上級生やボランティアの保護者も加わっています。このようにして、朝の登校時間から子どもたちは「ケアされている」と感じる瞬間が折り込まれているのです。

③「力（承認）」の欲求

学校の勉強ができる子は、「力（承認）」の欲求を満たすことができます。成績の順位をつけると、一番がいればビリもでてきます。一番の子は「力（承認）」の欲求を満たしますが、ビリの子は「力（承認）」の欲求を満たすことはできません。子どもたち全員が勉強で「力（承認）」の欲求を満たすためには、成績評価の仕組みを再検討することが求められます。

グラッサーは、ＣＢＣ（Competent Based Classroom）という概念を導入して、できるレベルに達した子どもが先に進む方法を紹介しています。時間が過ぎたから次の学年に進むのではなく、理解したので次のレベルに進むという方法です。グラッサーは、今の学校は刑務所に似ていると言います。刑務所は一定の日数が経過すれば出所できます。学校も一定期間在学すると、学業を身につけたかどうかにかかわらず進級し、卒業できます。

暗記力がある子がテストで高得点をとるのが今のテストの傾向です。テストのときに教科書やノートを見てもいい、オープンブック・オープンノート方式のテストにすることによって、考える力を養うことも可能です。そのようにして、**「できる」レベルに到達してから先に進む方法は、子どもの「力（承認）」の欲求を満たすために有効**であることがわかっています。

また、「力（承認）」の欲求を満たすのは勉強だけではありません。**人助けをすることで、自分は人の役に立っていると感じ、「力（承認）」の欲求を満たすこともできる**のです。部活に夢中になる子が多いのも、「力（承認）」の欲求を満たす機会が与えられているからでしょう。部活は「力（承認）」の欲求だけではなく、「愛・所属」の欲求も満たしてくれます。

「力（承認）」の欲求は、悪い方向に向かうことがあります。教師が力で生徒を押さえつけるのは、教師の「力（承認）」の欲求の満たし方の一つです。「右向け！」と言えば右を向き、「走れ！」と言えば走る子どもたちは、教師の「力（承認）」の欲求を満たします。そしてそれは外的コントロールにつながるのです。**外的コントロールは「力（承認）」の欲求の落とし子とも言えます。**

粗暴な子は、粗暴であればあるほど、不健全ながらも「力（承認）」の欲求を満たしていると考えられます。教師はそのことを見抜いた上で、健全な満たし方ができるようなかかわりをしていきたいものです。**批判は相手の「力（承認）」の欲求を押し込めるので、批判をしないものの言い方を身につける必要があります。**

④「自由」の欲求

学校は概して自由を制限する場所です。人間の内にある「自由」の欲求は、米国の心理学者ロロ・メイも指摘するように、**「自由を剥奪された人間は、人間の体《てい》をなさない存在となる」**ほど重要なものです。

「自由」の欲求が強い子どもに接するときと、「自由」の欲求はそれほど強くない子どもに接するときとでは、対応の仕方を変える必要があるでしょう。「自由」の欲求の強い子どもは、できるだけ選択肢を提供すると満足します。

「自由」の欲求を満たすためには規律をなくしたほうがいいというわけではありません。むしろ「自由」には枠組みが必要です。例えば、幼児を囲いのない原っぱで遊ばせると、あまり遠くに行きません。しかし、遠くのほうに囲いをつくってやると、囲いの近くまで行動範囲を広げるということが知られています。枠組みのなかの「自由」です。新幹線はレールの上を走っているときだけ、自由に速度を出せます。物理の法則を尊重しながら生きるときに、人間は「自由」になれるのです。

グラッサーは**選択理論を知った人は、自分には「自由」があることをいっそう感じる**と言います。「人に怒らされた」と考えるか、「怒る、怒らないの選択は自分にある」と考えるかで大きな違いがあります。選択理論を知り、後者のように考えるようになると「自由」が広がるのです。グラッサーの著作『選択理論（Choice Theory）』の副題は「自由をもたらす新しい心理学（A New Psychology of Personal Freedom）」となっています。

⑤「楽しみ」の欲求

学校が「楽しみ」の欲求を満たすところとなったら、どんなことが起こると思いますか。

世界初のクオリティ・スクールであるハンティントンウッズ・スクールの子どもたちは、学校があまりにも楽しいところになったときに、「夏休みを何とかしたい」と思いました。**子どもたちは、「夏休みはいらない」と言った**のです。家に三か月いるより、学校に行っているほうが楽しいので、夏休みはいらない、というわけです。

そこで、学校に与えられている裁量権の範囲内で、夏休みのない学校となりました。もちろん、一週間程度の休みはあり、家族旅行などへの配慮はされています。

例えば、学校で「楽しみ」の欲求を満たすプログラムを考えるとすると、どんなことができるでしょうか。もちろん「勉強は楽しい」ということがわかると、その後の進捗は容易なのですが、ハンティントンウッズ・スクールでは、「今日は一日、ローラーブレードの日」という設定をしたこともあるようです。子どもたちはもちろん、先生たちも（校長も）ローラーブレードで一日過ごします。このようなプログラムを紹介すると、「学校は楽しくさえあればいいのか」という反論が出てくるのですが、「楽しみ」をはじめ基本的欲求の充足できる環境では、当然勉強もできるようになります。ミシガン州の国語の平均得点が四九・五点のときに、ハンティントンウッズ・スクールは八三・二点、算数では州平均が六〇・五点のときに、八三・二点でした。

楽しい学校は、勉強も楽しくできるようになるのです。学ぶことを楽しいと思う子どもたちが育つのが、クオリティ・スクールです。

基本的欲求を満たしあう関係

教師間で基本的欲求がバランスよく満たされると、子どもたちとの関係でも余裕が出てきます。自身の欲求充足ができていない教師からは、教育のクオリティの高さは期待できないのが現状です。

学校関係者にはマズローの段階的欲求説が知られていますが、グラッサーの基本的欲求と違うところは、**グラッサーが言うところの基本的欲求には段階がないこと**です。私は以前、アポロハイスクールの校長をしていたグリーン博士から、「マズローは亡くなる前に側近に、欲求を段階でとらえたのは間違っていたと、自分の考え方を訂正した」という話を聞いたことがあります。グリーン博士は、「これは確実な情報である」と言明しました。

確かに病院に入院している人の多くは、「安全」の欲求は満たされていません。「安全」の欲求が満たされないと「愛・所属」の欲求が満たされないというのもいかがなものかと考えます。欲求の段階説は実態にそぐわないでしょう。

教師同士の関係で、お互いが基本的欲求を持っていることを自覚して、お互いが欲求充足できる関係を構築していくことが重要です。教師同士が批判しないで意見を述べる術を身につけると、学校は必ず変わると思います。

上質世界（Quality World）

ところで、「**基本的欲求は直接は満たせない**」ということを知っておく必要があります。基本的欲求を満たすには、**基本的欲求を満たす人・物・信条が必要**です。例えば、「愛」の欲求を満たすには、太郎君には花子さんが必要なのです。

太郎君の頭のなかには、「愛」の欲求を満たしてくれる花子さんの姿が、まるで写真のように記憶されています。選択理論では、それを「イメージ写真」と呼び、イメージ写真が入っている頭脳の場所を「上質世界」と呼びます。つまり、**基本的欲求を満たす人・物・信条のイメージ写真が入っている場所が上質世界**です。

上質世界の中身は、人によって異なります。納豆が上質世界に入っている人もいれば、納豆は苦手で上質世界に入っていない人もいます。梅干しが上質世界に入っている日本人はかなりいますが、欧米人で梅干しが上質世界に入っている人はまれでしょう。基本的欲求は人類に共通しているのですが、上質世界に入っているイメージ写真は、文化によって異なってきます。

教師は子どもたちの上質世界に入れてもらう必要があります。「セールスパーソンは、商品を売る前に自分を売れ」と言われるのは、別の言葉で言えば、「物を売る前に、客の上質世界に入れてもらえ」ということです。「先生が好きになって（先生が子どもの上質世界に入り）、先生の教える教科が好きになった」という経験を多くの子どもたちがしています。

人生経験の少ない子どもたちの上質世界を広げるお手伝いを、教師はすることができます。物理担当の教師と良好な人間関係を持ち、それによって授業中に基本的欲求がバランスよく満たされている生徒が、物理を好きになるのは当然です。物理の面白さを体験する機会を提供する教師は、生徒の上質世界を育むお手伝いをしていることになります。

授業中、わからないままに放置されている子どもは、「力（承認）」の欲求を満たすことができません。このような状態に置かれている子が、上質世界にその教科を入れることはありません。そして、それは当然、成績と密接に関連するでしょう。授業中に基本的欲求を満たすよう働きかけることは、とても重要なことなのです。

＜教育理念2＞
競争ではなく協力することで、最高の学習ができる

全国学力テストが全員参加ではなくなり抽出調査となりましたが、そのことへの反論として、『読売新聞』（二〇〇九年一一月二九日）の社説で「適度な競争こそ刺激になる」と論じられていました。ここで言う「適度な競争」の「適度」とは、誰が決めるのでしょうか。「激しい競争は問題だが、適度な競争は教育界では必要である」と多くの人は考えているようです。ところがクオリティ・スクールでは、「**競争ではなく協力することで、最高の学習ができる**」と考えます。デイヴィッド・W・ジョンソン（David W. Johnson, 1993）らも、『学習の輪』を著し、共同学習の有効性を説いています。

生きていくときに競争は避けられません。しかし、だからと言って、あえて競争の環境をつくる必要があるでしょうか。アルフィ・コーン（Alfie Kohn, 1992）は著書『競争社会をこえて』のなかで、競争が持つ問題点を明快に指摘しています。

市場原理を教育界に導入して教育を活性化させようとする動きは、いつの時代にもありました。イギリスではサッチャー首相の時代にそのような試みがなされ、結果は無残なものでした。日本でも安倍晋三内閣のときに、イギリスを模倣するような試みがなされましたが、いまだに望ましい結果は得られていません。一方、競争のない教育の試みがなされているフィンランドは、OECD学習到達度調査（PISA）など国際的な比較でも上位を保っています。

競争の種類

私たちは野球やサッカーを応援して、楽しく余暇を過ごします。このような競争にはあまり問題はありません。ところが競争したくない人を競争させるとき、問題が起こります。

競争には二種類あるようです。「**構造的競争**」と「**意図的競争**」と名づけましょう。前者は外的なもので、競争する気がない人を競争させようと仕組むもの。後者は内的なもので、競争に参加する意図が当事者にあるものです。スポーツは意図的競争と言えます。オリンピックは、競争に参加する意図を持っている人の集まりです。オリンピックに選手として出たい人は、競争を勝ち抜いてオリンピックに参加することになります。それに対して、相対評価をクラスの全員に対して行うことは、競争したくない人を競争させる仕組みだと言えます。相対評価では、限られた子どもが「5」をとり、そしてまた、必ず「1」をとる子どももいます。

目標達成のためには、①競争か、②協力か、③独りでするか、の方法があります。勉強には②の協力が有効とする研究があります。共同学習がそれです。グラッサー・クオリティ・スクールでは、競争よりも共同学習を奨励しています。

競争は生得的か

私はもぐら叩きのゲームを見ると、思わず挑戦したくなります。記録を塗り替えると「やった!」

という気持ちになります。敏捷さを競うゲームで、私は走ることは別として、競争することは嫌いではありません。しかし、「競争は生得的なものか」と問われると、疑問を持ちます。田舎の子どもと都会の子どもを比較すると、田舎の子どものほうが協力的です（Kohn, 1992）。**競争は、競争社会のなかで育っている子どもが学習するもの**なのです。

小さな子どもをリトルリーグに参加させることについては賛否両論があります。競争に賛成の人でも、子どもが小さいうちから競争意識を持つことに危惧を抱くのです。特に八歳から一〇歳程度の小さな子どもは、競争に参加させないほうがよいという意見には、競争に賛成な人でも同意することが多いようです（Kohn, 1992）。

競争は生産的か

競争社会に生きている私たちは、競争は生き抜くために必要であるかのように考える傾向があります。しかし、コーンは、**競争するよりも協力するほうが生産的であること**を示す証拠を多く提供しています（Kohn, 1992）。また、企業で競争するグループと協力するグループに分けた試みで、協力する共同グループからよい結果が産まれてくるというブラウ（Peter Brau）の調査を紹介しています（Kohn, 1992）。「競争心はビジネスには重要ではない」というスペンス（Janet Spence）の言葉も紹介しています（Kohn, 1992）。

新聞記者のスクープ争いのなかから不正確で無責任な報道がなされる場合があります。証券マンの競争から不正な取引が生まれることもあります。意図的競争に属するスポーツの世界でさえ、勝つことを激しく追求していくと、スポーツのすばらしさが損なわれてしまうことがあるのです。

競争は楽しいか

ゲームでの競争は楽しいものですが、楽しむためには必ずしも競争で人を打ち負かす必要はありません。協力して行うゲームを紹介した書物がいろいろ出ています。「ゲームは競争するもの」と思っている人が、競争しないで協力するゲームをしてみると、結構楽しめることに気づき驚くでしょう。

先に述べたとおり、意図的競争は、その競争に参加する意図を持つ人が集まって行われます。オリンピックで日本の柔道選手が銀をとったとき、この選手は金をとると思われていたので、表彰台で悔し涙を流していました。競争で楽しめるのは勝者一人です。しかし、自らがこの競争に参加しようと思ったのであれば、この結果を受け入れる必要があります。

「競争は楽しいか」を考える際も、**競争したくない人を競争させることと、競争したい人の競争とを分ける必要があると**思います。

競争は人格を磨くか

ある音楽大学を出た人から聞いたのですが、競争にどっぷり漬かっている音大生は友人ができにくいそうです。確かに競争心の強い人を友人にしたいと思う人はあまりいません。競争心が強いがゆえに、負けると悔しさ、苦々しさ、不快感がもろに表れます。

今勝っている人も、いつかは負けます。連勝を続ける横綱も、いつかは負けて引退となります。勝ってきた人にとって、負けることは許し難いことのようです。ボートレーサーのウォーカー(Stuart Walker)は、次のように語っています。

「勝つことで満足しない。何度でも勝つ必要がある。成功を味わうと、もっと貪欲になる。負けたときの、『次は勝つぞ』との思いは強力である。週末にコースに飛び出さざるを得ない。勝っても止められない。負けても止められない。もはや中毒だ。」(Kohn, 1992)。**競争での勝敗は僅差で決まるものです。このような僅差での勝ち負けは、教育にはなじみません。人生は黒か白かでは対応しきれません。**

実話に基づく感動的な映画「ルディ／涙のウイニング・ラン」では、アメリカンフットボールの試合に勝つことを課題とするコーチと、仲間を思う選手たちとが対比されて描かれています。競争で勝つことを優先するなら、ルディを試合に出さないのが賢明と考えられます。しかし、ルディコールが会場に響いて、ルディが交替選手となって出場します。競争している最中でも、競争を忘れて人間的な要素がそこに登場するとき、感動が湧き起こります。

八〇〇人の高校生を対象とした調査で、競争心の強い高校生は、人の評価と自分の成功で、自分の価値を判断する傾向があることが判明しています(Kohn, 1992)。競争心の強い学生は、自分が科目選択をするとき、高得点がとれそうにない科日を避ける傾向があります。

一九九四年、オリンピックの選考会となるフィギュアスケートの選手権の会場で、練習を終えたケリガン選手が襲撃されるという事件が起きました。襲ったのは、ライバル選手の元夫でした。

競争は、人助けをしないだけでなく、人を蹴落とし、危害すら加えることがあることを示唆しています。

一一歳〜一二歳の子どもたちを二つのグループに分けて三週間競争させたところ、**彼らはお互いに対して攻撃的になったという調査結果**もあります（Kohn, 1992）。競争で人格は磨かれないのです。

競争は人間関係をよくするか

競争に勝とうとしている子どもにとって、答えのわからない友人を支援するという発想はあまりわかないでしょう。子どもたちに「仲良くしなさい」と言いながら競争させることは、大きな矛盾です。君が勝てば、僕は負ける。君が一番になれば、僕は一番にはなれない。**このような構造的な競争社会をつくることは、上質な人間関係を構築する妨げ**となります。

子ども同士を競争させたり、教師同士を競争させる仕組みは、教育界に根強く残っており、それを不思議に思わないほど、私たちの感覚は狂ってしまっています。**競争のない共同学習の仕組みをつくることが、グラッサー・クオリティ・スクールへの早道です。**

結果的に競争になるという現実はあります。A社の製品を買うか、B社の製品を買うか、消費者は選択します。A社にとってもB社にとっても競争です。しかし、だからと言って社員同士を競争させることは愚かなことです。どのようなやり方が「上質な製品」を産み出すか、協力しながら取り組むことが重要です。

　この世では競争はなくなりません。でも、「競争があること」と「競争をさせること」とは次元の異なることです。競争よりも協力する関係で子どもたちは成長するのです。

＜教育理念３＞
強制のあるボスマネジメントではなく、リードマネジメントの環境で子どもは成功する

　通常のマネジメントスタイルはボス的です。命令、指示、強制がそこにあります。もちろん、日直の子が「起立」と号令をかけ、全員が起立するのも強制ですが、ここではこのような強制を問題としているのではありません。何かをしなさいと指示し、それを実行してもらえば「力（承認）」の欲求は満たされます。教師はこの「力（承認）」の欲求を無意識のうちに満たすために、子どもたちに多くを強制するようになります。――このようなボスマネジメントを問題にしようとしているのです。

　グラッサー（1990）は『クオリティ・スクール』のなかで、誰がつくったか出典不明としながら、ボスとリーダーの違いを紹介しています。

- ・ボスは駆り立て、リーダーは導く。
- ・ボスは権威に依存し、リーダーは協力を頼みとする。
- ・ボスは「私」と言い、リーダーは「私たち」と言う。

・ボスは恐れを引き出し、リーダーは確信を育む。
・ボスはどうするかを知っているが、リーダーはどうするかを示す。
・ボスは恨みをつくり出し、リーダーは情熱を生み出す。
・ボスは責め、リーダーは誤りを正す。
・ボスは仕事を単調なものにし、リーダーは仕事を興味深くする。

このように対比すると、ボスマネジメントとリードマネジメントの違いが際立ってきます。

グラッサーが以前、日本で講演したとき、**リードマネジメントを別の言葉で言えば「尊敬のマネジメント」になる**と言いました。私はそのときの通訳者だったのですが、そのことを鮮明に記憶しています。講演者の言葉をいつまでも記憶していては、次の話を聞いて訳すことが困難になるため、通常、通訳者は、何を話されたかはしっかり記憶していません。しかし、「尊敬のマネジメント」という表現は、しっかり記憶に残るほど印象的でした。リードマネジメントは、まさに尊敬のマネジメントです。**子どもを尊敬していたら、教師は決して使わない言葉があります。子どもを尊敬していたら、教師は決してしないことがあります。**

クロウフォード（Donna K. Crawford, 1993）らは、上質を追求するデミングにならって、学校で上質を追求するために、教師はリードマネジャーになる必要があることを説き、以下のようにまとめています。

・ボスマネジャーは子どもたちを動機づけることに心を配り、リードマネジャーは動機づけの障害を取

り除く。

・ボスマネジャーは誰が悪かったかを探し、リードマネジャーは何が悪かったかを探す。

・ボスマネジャーは欠陥の責任をとらせ、リードマネジャーは欠陥を防ぐ方法を調べる。

・ボスマネジャーは生産性に全員の注目を向けさせ、リードマネジャーは「上質」に全員の注目を向けさせる。

・ボスマネジャーは個人の達成を強調し、それに報奨を与え、リードマネジャーはグループの達成を強調し、その達成を認める。

・ボスマネジャーは「勉強しなさい」と指示を与え、リードマネジャーは「勉強をしやすくする」方法を確立する。

興味深い話を読んだことがあります。

犬の飼い主の女性が、犬には肝油がいいと考えて、嫌がる犬の口をこじ開けて、毎日、肝油を犬の口に流し込んでいました。犬は嫌がって何とか逃げようとします。犬に肝油を飲ませるのは一苦労です。そんなある日、肝油が床にこぼれてしまいました。それを拭くために、犬の手綱がゆるむと、犬はこぼれた肝油をペロペロと舐めてしまったのです。

犬はもともと肝油が好きだったのです。嫌だったのは、強制されて口をこじ開けられることだったのです。

私たちは、この犬の飼い主と同じようなことを、子どもたちにしているのかもしれません。**勉強は本来楽しいものなのに、大人がその楽しさを子どもから奪い取ってはいないでしょうか。**

＜教育理念４＞
脅したり、罰したりしないで、問題は話し合って解決する

世界初のグラッサー・クオリティ・スクールを創設したケイ・メントレー校長は、教師を採用する際、その教師を子どもたちの前に連れていって、自由な会話をしてもらうと言います。子どもたちは新しく教師になるかもしれない人にいろいろ質問します。例えば、「先生は、私たちが問題行動を起こしたときには、罰を与えますか？」と聞いてきます。

通常、規律違反には罰がつきものですが、**グラッサー・クオリティ・スクールには罰はありません。問題が起こったら、話し合って解決します。**「連帯責任で校庭を五周走って来い！」というような発想はありません。**罰を与えずに規律違反にどう対処するかを考えると、創造的なアイディアがいくつも浮かんで来ます。**例えば、自己評価を促して、自分のしたことが他人にどのような影響を与えるかを考えてもらい、どのように対処するかを考えてもらうのもいいでしょう。

罰はある程度の抑止力になっていると考える人もいますが、司法制度を考えるとき、罰に大きな効果があるようには思えません。それを裏づけるように、刑務所はどこも満杯です。司法領域で罰が執行されている理由の一つは、罰によって苦しみを味わい、その結果よい市民になることを期待するというものです。また、罰は効果のあるなしにかかわらず、復讐の現れでもあります。あるいは自由を剥奪することで、一般市民を護るためでもあります。「司法領域で罰が与えられているのだから、教育領域でも罰を与えるべきである」という考えは再考する必要があるのでは

ないでしょうか。

米国の刑務所で「罰に代わる何かを子どもたちは体験し、考える機会を与えられる」という選択理論の正規プログラムが開催され、通常一八か月かかる三つの講座を全部修了した取り組みがあります。当時、一つの講座に参加できる人数は最大で一三人でしたが、これらの受講生の変化に著しいものがあったと報告されています。筆者もその報告をビデオで観ました。

日本ではあまり知られていませんが、デミングの「一四項目」(柿谷正期、1996)というのがあります。人によっては「一四の原理」と訳すこともありますが、デミングが「原理」という言葉を使わないで「項目（ポイント）」という言葉を使ったのは、大切なことを一つずつあげていったところ、たまたま一四項目になったからだと思います。その一つに「恐れを取り除く」という項目があります。**社員が上司を恐れる職場環境では、上質な取り組みは期待できません**。温かい人間関係を構築すること、恐れのない雰囲気の職場のなかから上質なものは達成されるのです。

学校には怖がられている教師が一人はいるものです。この教師が怖いために、子どもたちはおとなしくしていたりします。ところがこの教師がいなくなったら、大変な状況になります。このような状況を見た人のなかには、「やはり怖い教師の存在は必要だ」と考える人もいるかもしれません。しかしこれは表面的な見方です。この教師が転勤でいなくなると学校は荒れてしまうという教育が、本当の教育とは思えません。**外的コントロールでかかわられた子どもたちは、外的コントロールがなくなると、どのように対処してよいかわからなくなってしまう**のです。

馬の矯正の伝統的な方法は、暴力と強制でした。「人間は怖い」ということを馬に知らしめることでコントロールしようとしていました。しかし、一人の人が現れ、そのような方法はおかしいと思うようになり、優しさに満ちた調教の仕方を開発しました。モンティ・ロバーツ（Monty Roberts, 1996）がその人です。

彼は子どもの頃から馬に乗り、馬を自在に乗りこなす術を身につけていました。そして父親の暴力的、強制的な調教の仕方に疑問を感じるようになりました。モンティは原野に行き、野生の馬の群れを観察し、そこから馬のコミュニケーションの仕方を学びました。

モンティは、自分のやり方を「調教」とは呼ばずに「ジョインアップ」と呼びます。伝統的な調教と比較すると、限りなく優しい、かつ効果的な方法です。

〈教育理念5〉
上質は自己評価を通して達成される

「自己評価」という言葉は、使う人によって、また文脈によって意味が違ってきます。私が誤っていると思う用法は、「自己評価の低い子」とか、「自己評価の高い子」という使い方です。これは、「自分を低く評価する」とか、「自分を高く評価する」という意味で用いられています。自己肯定感とか自尊感情の意味で用いられています。しかし、**本来の自己評価の意味は、他人の評価ではなく、「自分で評価、点検をする」という意味**です。

グラッサーは、デミングと出会ってから彼の著作や関係者の著作を読み、そのなかで重要な言葉に気づきました。それは、「**人は他人を評価してはならない**」という言葉です。グラッサーは「これほど重要な言葉はない」と言います。そして、「デミングは自分の言った言葉の重要性について気づいていないかもしれない」とも言っています。

機械に必要なネジをいかに上質なものにするかは、企業にとってとても重要なことです。ネジやワッシャーが上質でないために、宇宙に飛び立ったロケットが空中爆発するほどです。しかし、上司が上質なネジをつくれと号令をかければ、上質なネジができるわけではありません。ネジをつくっている人たちの絶えざる自己評価の結果として、上質なネジが産み出されるのです。ですから、**上質の追求に自己評価は不可欠**です。

教育実習をする大学生を指導している教師は、学生を批判しようと思えばいくらでもできます。しかし、自己評価を促すことで、この「批判」に優る指導が可能なのです。例えば、次の三つの質問をすることができます（柿谷正期、2001）。

① あなたのしたことでよかったことは何ですか？
② もう一度同じことをするとしたら、どこをどのように変えますか？
③ 私にお手伝いしてほしいことが何かありますか？

教育は自己評価のできる人をいかに育てるかにかかっています。しかし、今の教育現場では、自己評価の重要性はあまり意識されていないのが現状です。問題行動を見てすぐに叱らなくても、「君のしていることはいいことかい？」と聞くことで、自己評価に導くことができます。

子どもは叱られない程度に宿題をこなし、上質とはほど遠い宿題を提出する。自分のしたことが上質かどうかではなく、どのようにしたら叱られないかを考える。――今の教育制度のなかで、自己評価のできる子どもを育てるのは難しいのが実状です。
上質については、グラッサーは次のように述べています。

①上質は温かい人間関係から生まれる。
②上質は強制からは生まれない。
③上質とはそのとき最善なもの。しかし、いつでも改善できる。
④上質なものは見ればわかる。
⑤上質は気分がいい。
⑥上質は破壊的でない。
⑦上質は有益なもの。
⑧上質は自己評価から生まれる。

3

文化を越えて広がる選択理論

以上、グラッサー・クオリティ・スクールの宣言校の一つが掲げた「五つの教育理念」を中心に話を進めて来ました。選択理論の概念のなかには、ここでは説明していないものがあります。本書の「第1部　第1章　選択理論の基礎」や、さらには『グラッサー博士の選択理論』（ウイリアム・グラッサー著　柿谷正期訳　アチーブメント出版）を参照してください。

グラッサーは、自分の選択理論のアイディアはウイリアム・パワーズ（William T. Powers）から学んだとして、パワーズの功績を認め、敬意を表しています。そのパワーズ（1998）が、「**この考え方（内的コントロール心理学）が六〇年早く歴史に登場していたら、心理学の歴史は変わったものになっていていただろう**」と言っています。現在の心理学の多くは外的コントロール心理学です。内的コントロール心理学に属する選択理論心理学は、「**人の持つ基本的欲求は遺伝子に組み込まれており、人の動機づけは内側からである**」としています。

選択理論は世界中を魅了し、文化の違いを超えて諸国に広がっています。毎年恒例のウイリアム・グラッサー協会国際会議が、二〇一〇年は七月にテネシー州ナッシュビル市で開催され、世界一六か国から参加者がありました。私が例年会っている人々は、英語圏では米国、カナダ、アイルランド、イギリス、南アフリカ、オーストラリア、ニュージーランド等、その他の諸国はクエート、ロシア、コロンビア、インド、シンガポール、マレーシア、クロアチア、セルビア、香港、韓国、フィンランド、スウェーデン、イスラエル、そして日本等です。日本からの参加者は、二〇一〇年は一四名でした。

選択理論は、脳の働きを基盤にしている理論なので、文化を越えて広がっています。そして、今や教育界だけではなく、ビジネス界にも、親子、夫婦関係にも適用されて広がっています。

今この時にも、日本全国で選択理論を身につけた教師たちが、クオリティ・スクールの取り組みをしています。選択理論をベースにした学校が増え、そこから、幸せな子どもたちが育っていくことを願っています。

〈参考文献〉
Crawford, Donna K., Bodine, Richard J., & Hoglund, Robert G. 1993 *The School for Quality Learning : Managing the School and Classroom the Deming Way* Champaign, Ill. : Research Press.
Glasser, W. 1969 *Schools Without Failure* New York : Harper Collins Publishers（佐野雅子訳 一九七七『落伍者なき学校』サイマル出版会）
Glasser, W. 1990 *Quality School* New York : Harper Collins Publishers（柿谷正期訳 一九九四『クオリティ・スクール』サイマル出版会）
Glasser, W. 1997 "New Look at School Failure and School Success" *Phi Delta Kappan*（April, pp597-602）（柿谷寿美江・正期訳 一九九七『現実療法研究』４巻１号 pp25-34）
Glasser, W. 1998 *Choice Theory* New York : Harper Collins Publishers（柿谷正期訳 二〇〇〇『グラッサー博士の選択理論』アチーブメント出版）
Glasser, W. 1999 *The Language of Choice Theory* New York : Harper Collins Publishers（柿谷正期監訳 二〇〇六『人生が変わる魔法の言葉』アチーブメント出版）
Glasser, W. 2000 *Every Student Can Succeed* New York : Harper Collins Publishers（柿谷正期訳 二〇〇一『あなたの子どもが学校生活で必ず成功する法』アチーブメント出版）
Johnson David W., Johnson, Roger T., & Holubec, E. Johnson 1993 *Circles of Learning : Cooperation In Classroom*（杉江修治・石田裕久・伊藤康児・伊藤篤訳 一九九八『学習の輪』二瓶社）
柿谷正期 一九九四「クオリティ・スクール」『現実療法研究』２巻１号 pp3-8
柿谷正期 一九九六「クオリティ・スクール(2)」『現実療法研究』３巻１号 pp3-10
柿谷正期 一九九七「競争より共生」『現実療法研究』４巻１号 pp3-7
柿谷正期 一九九九「報奨による罰」『現実療法研究』５巻１号 pp2-7

柿谷正期　二〇〇一「ネガティブ・クリティシズム」『現実療法研究』6巻1号 pp1-9

柿谷正期　二〇〇一「選択理論によるクオリティ・スクール」『「本当の生きる力」を与える教育とは』西村和雄編　日本経済新聞社 pp233-270

柿谷正期　二〇〇二「学校現場で使える現実療法」『月刊生徒指導』26巻2号 pp96-101　学事出版

柿谷正期　二〇〇七「グラッサー・クオリティ・スクールの動向」『立正大学研究紀要』第5号 pp31-44

柿谷正期　二〇一〇「子育てと道徳心―選択理論をベースとして」(財)二十一世紀文化学術財団「教育における評価システムの改善と子供のモラルの向上」に関する研究委員会　報告書 pp7-25

Kohn, Alfie 1992 *No Contest : The Case Against Competition* (Revised Edition) Boston : Houghton Mifflin Company（山本啓・真水康樹訳　一九九四『競争社会をこえて』法政大学出版局）

Kohn, Alfie 1993 *Punished By Rewards* New York : Houghton Mifflin Company（田中英史訳　二〇〇一『報酬主義をこえて』法政大学出版局）

Kohn, Alfie 2006 *The Home Work Myth* Philadelphia : Da Capo Press

Kohn, Alfie 2006 *Beyond Discipline : From Compliance to Community* Alexandria, VA : ASCD

Ludwig, S.A. & Mentley, K.M. 1997 *Quality is the Key* Michigan : KWM Educational Services. Inc.

Powers, William T. 1998 *Making Sense of Behavior* New Canaan, CT : Benchmark Publications. Inc.

Roberts, Monty 1996 *The Man Who Listens to Horses* New York : Random House

Roberts, Monty 2001 *Horse Sense for People* New York : Viking.

Roberts, Monty 2001 "Join Up"（DVD）Monty Roberts Educational Series Solvang CA : Monty & Pat Roberts, Inc.

あとがき

二〇年以上も前のことです。

「笛のテスト、合格したよ！　ぼくは、いつもみんなに負けてばかりだけど、本当は負けたくなかったんだ。みんなに勝たなくてもいいけれど、負けたくはないんだ！」

勉強や運動に苦手意識を持ち、友達からからかわれても笑っている人気者の彼が、瞳を輝かせて報告してくれました。その日は、音楽の時間の直前に、保健室に「お腹が痛い」と訴えてきたのです。励ますと、何とか授業に行くことができました。その彼からの授業後の報告でした。

心がふれあった、うれしい瞬間でしたが、同時に彼から大きな宿題をもらいました。このことがきっかけとなって、「自分と人を比較して、負けた気持ちで学校生活を送っている子」「自己を否定的にとらえている子」が多いという現実に、私は気づいていきました。「どの子も自分の内に自己肯定感を育み、心満たされて学校生活を送ってほしい」と願っていましたが、私はそのために何をすればよいのかがわからず、悩みながら手探りで解決策を探し求めていました。

二〇〇〇年に日本のグラッサーと称される柿谷正期先生から選択理論を学ぶ幸運に恵まれました。選択理論と出会い、「身近で重要な人との人間関係を良好にすること」で、人は心が満たされ自己肯定感が育まれることを、人間の脳の特質として理解することができました。とは言っても最初は半信半疑で、「人間関係を改善しただけで、自己肯定感が育まれるのだろうか……」と思いつつ保健室で実践しました。すると、子どもたちが身をもってその効果を教えてくれたのです。

私は家庭でも選択理論を意識して使うようになりました。今では、家庭が居心地のよい場所に変わり、心穏やかに過ごせるようになり、エネルギーが湧き、大きな夢を持つようになりました。子どもは、特に問題を抱えた子どもは、私を成長させてくれる先生だと思っています。

その後、柿谷正期先生から奥様の柿谷寿美江先生をご紹介いただきました。寿美江先生には何度も愛媛県西予市に通っていただき、延べ七〇日以上も滞在してご指導いただきました。お迎えする車中、講座中、ホテルで過ごされる時間、いつでも誰にでも分け隔てのない思いやりあふれる笑顔を向けられていました。寿美江先生の生き方から、私は選択理論の奥深さを感じ、選択理論を学び続けたいと願うようになりました。

まさにこの「あとがき」を書いているときに、寿美江先生の訃報が届きました。脳腫瘍で余命六か月と宣告された一昨年、寿美江先生は「病にもきっと意味があると思います。このような状況にあっても心穏やかでいられることに感謝します」とおっしゃいました。そして、「今は、忙しいときには味わうことができなかった、夫や息子たちや孫との豊かな時間を過ごしています」とも。また、それができるように常に配慮され続けた夫の正期先生や大学を休学して付き添った三男の命君をはじめ、ご家族や周りの方々の姿勢からも、「身近で重要な人との良好な人間関係」がどれほど人を強く優しくするかを痛切に感じました。柿谷先生ご夫妻に心から感謝するとともに、寿美江先生のご冥福をお祈りいたします。

卒業式を目前に控えた二人の子が保健室にやって来て、「卒業までに聞いておきたいことがあります。私たちはがんばっているつもりでも、家でも学校でもよく叱られます。どうして井上先生は、いつも怒らないで話してくれるんですか?」と真剣な様子で尋ねてきたことがありました。

私は答えの代わりに質問しました。「どっちの言い方が、話が聞ける?」。彼女たちは「頭ごなしに言われると、怖くて何も考えられなくなる」「先生の言い方のほうが聞ける。どうして注意されたか、考えられる」とそれぞれ答えました。私は「私もそう思っているからよ」と答えたあと、「じゃあ、どちらが自分の行動を変えようと思う?」と尋ねました。「先生の言い方のほうが、自分から変えようという気持ちになれる」という返事が返ってきました。私は「私もそう思っているからよ」と答えました。

すると、二人はいっそう真剣な目をして、「じゃあ、先生から親や他の先生にそう言ってください！　お願いします！」と訴えました。私は心を込めて「私なりにがんばって伝えるね」と約束しました。そして「でも、その人の行動は、その人しか決められないんだよ。だから、あなたたちが大人になったときに、子どもに対してどんな言葉を使うかは、あなたたち自身が決めることなのよ」と投げかけました。二人とも「絶対、子どもの気持ちを忘れない大人になります」ときっぱり言いました。

私は、このときの子どもたちとの約束を一生忘れません。選択理論的なかかわり方をする親や教師が増えることによって、子どもたちの基本的欲求が満たされ、家庭や学校が今よりも夢や希望が持てる場所になると信じています。そして、それは子どもの柔らかい表情や声、言葉となって表れ、思いやりや主体性が育まれ、喜びにあふれる家庭や学校が築かれていくことでしょう。

自らの基本的欲求の満たし方を学んだ子どもたちは、健康な心の状態を保ち、大人になってからも協働して、明るい社会を築いていくことでしょう。

私は、上質世界（願望）にこのようなイメージ写真を描きながら、仲間とともに選択理論を学び、広めていきます。子どもたちとの約束を果たすためにも。

関心のある方は、ぜひ一緒に学んでみませんか？　日本選択理論心理学会・NPO日本リアリティセラピー協会のホームページ（http://www.choicetheorist.com/）や、日本選択理論心理学会西予支部・松山支部の情報をホームページ（http://www.mikame-c-c.net/）でご覧ください。

最後になりましたが、私のささやかな取り組みを見つけ出して『月刊学校教育相談』での連載、さらに一冊の本にまとめてくださった編集の小林敏史氏に心からお礼を申し上げます。

西予市立三瓶中学校の先生方、西予市養護部会の皆さんのご理解とご協力に深く感謝しています。大野佐由子さんをはじめ、日本選択理論心理学会西予支部の皆さんや松山支部代表の武田薫さん、しまなみ支部代表の矢野利雄さん、また全国の日本選択理論心理学会員の皆さんの惜しみないご協力のおかげで、今日まで活動を続けることができています。

そして、いつも私を励ましてくれる友人、「愛・所属」を満たし続けてくれる最愛の夫と二人の息子たち、いつまでも私を愛しい娘として気遣ってくれる母、私の活動をいつも応援してくれる弟たち夫婦に心からの感謝を捧げます。

二〇一一年三月

井上　千代

（2024年３月現在）

柿谷　正期（かきたに　まさき）

日本選択理論心理学会初代会長（2022年退任）。認定NPO法人日本リアリティセラピー協会理事長、元立正大学心理学部教授、現実療法認定カウンセラー、選択理論心理士、精神保健福祉士、ウイリアム・グラッサー協会認定シニア・ファカルティ。

著書に『自閉症を含む軽度発達障害の子を持つ親のために』（アチーブメント出版、2007年）、『私のカウンセリング』（Amazon、2023年）、訳書に『グラッサー博士の選択理論』（アチーブメント出版、2003年）、『クォリティスクール・ティーチャー』（アチーブメント出版、2021年）など多数。名誉文学博士号（2020年）、牧会学博士号（2024年）。

プロフィールの詳細については、以下のウェブサイトを参照。

https://www.choicetheory.net/kcc　　https://www.choicetheorist.com

井上　千代（いのうえ　ちよ）

公立小中学校の養護教諭として35年間勤務したあと、子どもの幸せ（欲求充足）のためには、大人の理解と大人自身の欲求充足も重要だと考え、「選択理論実践パートナー」として独立。学校関係（児童生徒、教員、保護者）や企業（経営幹部研修、全員研修）などへの研修活動を行う。日本選択理論心理学会西予支部支部長、愛媛選択理論研究会共同代表。選択理論心理士、リアリティセラピー・プラクティカムスーパーバイザー、日本学校教育相談会会員。メンタルヘルスを高める教育活動により、文部科学大臣優秀教員表彰を受ける。

自身の研修活動に加え、子どもも大人も学べる絵本やワークブック・書籍の出版、ラジオ番組、インスタグラムでの発信、講師の育成を通じ、選択理論の普及を行っている。活動の詳細については、以下のウェブサイトを参照。 https://sentaku.chiyo.tokyo

選択理論を学校に

クオリティ・スクールの実現に向けて

2011年７月１日　初　版　発行
2024年４月１日　第４版　発行

著　者　柿谷正期　井上千代
発行人　小林敏史
発行所　ほんの森出版株式会社
〒145-0062　東京都大田区北千束3-16-11
TEL 03-5754-3346　FAX 03-5918-8146
https：//www.honnomori.co.jp

印刷・製本所　研友社印刷株式会社

　ISBN978-4-938874-79-7　C3037